浪人醫師的
徒步台灣西海岸

一路向南

吳佳璇——著

目錄
CONTENTS

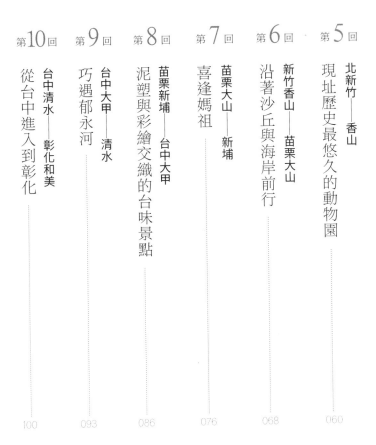

推薦序一

超越郁永河、胡鐵花的吳佳璇

陳耀昌（台大醫學院名譽教授、《斯卡羅》原著作者）

我的台大學妹吳佳璇醫師是一位奇人。亦俠亦狂亦斯文，有書有劍有肝膽。她一九九五年台大精神科住院醫師後，便順利升上台大精神科主治醫師，同輩稱羨。依醫學院傳統看法，這已是一帆風順，祖上積德，以後就是拚命寫論文，逐步升等副教授、教授，揚名學術界。

然而，有俠氣的吳醫師卻主動離開了這條青雲路。她不願終老台大而去周遊列國，到其他醫學中心，到新光，又到孫逸仙，然後到了國外，去澳洲進修，回來後又去台東榮民醫院，去蘭嶼服務原住民，去日本尋找太宰治及移民日本的老師（因為那是台灣精神醫學史的一部分）。俠女醫師喜歡浪居各地，闖蕩江湖，深入民間。

再把她拉回台北是因爲父親的病，父親的病正是她自己的領域。她終於回到台北，一方面悉心照顧父親，一方面演講、著書。她做千場專業演講，也出版了十本以上著作，包括《從北京到台北——精神藥理學家張文和的追尋》、《謝謝你們，我的離島病友：浪人醫師飛向醫療現場的生命故事》、《浪人醫生日記》、《921之後》等書，以及譯作《失智．失蹤》。她也爲老師葉英堃先生寫傳記，也是爲台灣的精神醫學寫歷史。

二〇一九年，我決定不再繼續寫「《財訊》專欄」，於是我請吳醫師來接棒，因爲吳醫師兼有國際、歷史、專業、文學。那時我只知道她常去日本作文學之旅，還眞不知道她竟然如此會走路，而且催生出這本風格有別於她過去作品的《一路向南》。

因爲吳醫師去日本特殊旅遊經驗及對日本文學的深度了解，她由流傳千年的日本四國步行環島朝拜，而想到台灣的環島步行。台灣的自行車環島許多人做過，那其實只是公路環島，只是去炫體力，去驚鴻一瞥台灣景色，並非深度旅遊；只有五天到七天的一鼓作氣，並非真正了解台灣。而日本千年「四國八十八廟」則只是拜廟，朝聖之旅。而吳醫師的想法與做法，則展現她的「有劍有肝膽」。她別出心裁設計了一個「徒步、接力、深度」新模式，「全島而非環島」的新概念。

一、徒步：就是步行啦，但這一點是知易行難。

二、接力：爲了配合她的門診及照顧老父，她創造出一個別出心裁的接力模式，只利用週末的時間，這一週末走到甲地，下一週再搭車到甲地重新步行出發。

三、深度：她是多興趣，廣知識之人，不只以寺廟爲中心，而是綜合台灣在地史蹟、古蹟，甚至食堂，任何值得欣賞的有趣東西。

吳醫師自二〇二〇年十月十日至二〇二二年三月，自台北一路南下到恆春鵝鑾鼻，完成西半部之遊。她先出版了這一部分的深度徒步旅遊，就是這本《一路向南》。我想吳醫師已經是第一人，自台灣頭走到台灣尾之人，雖然只有西部。上一位有此壯舉的人，胡傳是自台灣府向南走到恆春，郁永河則台灣府向北走到淡水。

吳醫師的想法來自日本空海和尚的四國八十八寺朝拜，而很巧的，我正好有機緣擁有一張日本的捲軸畫，描述這個儀式。

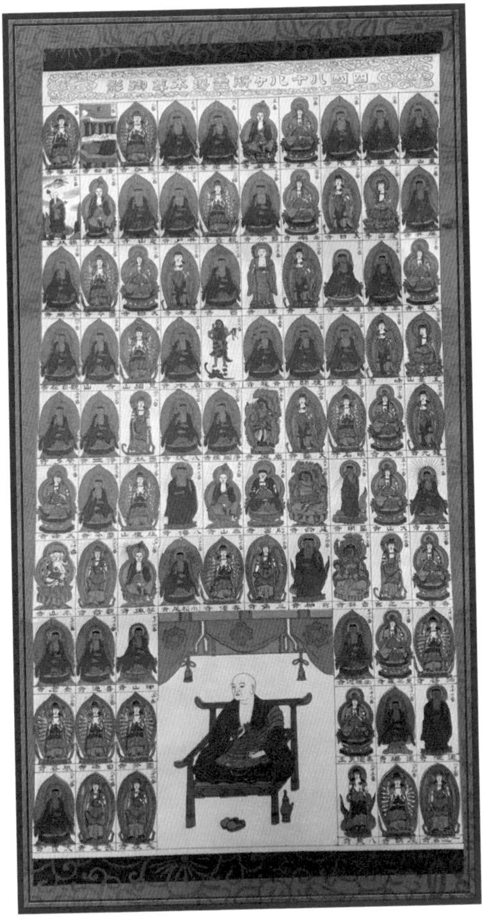

｜圖片提供：陳耀昌

我突然有個想法，吳醫師就好比空海和尚。時報文化出版公司眞是大方，容許出版那麼多照片，因此我也建議公司，在這本書的書後，仿照日本這個卷軸畫，去分門別類，分「寺廟」、「歷史地點」、「美食店」、「地方景觀」，嵌上或88、或66、或33張各地段的照片（例如恆春半島，例如雲嘉，例如台南、高雄），成爲各式各樣的旅遊圖或卡片。如此，本書將成爲台灣別具一格的旅遊指南，兼顧文學意象。

我們更期待，明年或後年，等吳醫師完成台灣東半部遊記後，可以再來一部「東半部旅遊卡」。

推薦序二

用走路寫當代台灣史

傅裕惠（第九居國藝會董事、劇場工作者與渴望走路的都市人）

佳璇雖然是一位精神科醫師，她對周遭的關懷，早已經不止於患者、診所、家人、親友與寵物了。她對寫作的赤誠與抱負，遠超過我周遭的藝術家朋友；這本《一路向南》象徵的意義在於，她用走路寫當代、過去與未來的台灣史。她在書桌前沉澱她的文字與思想，然後她起而行，以身體實踐對生活環境的觀看。「台灣」與「台灣人」的意義，必然是要像她這麼徹底、這麼全然以身心靈擁抱著。要不是她不興大肆宣揚自己的環島壯舉，我其實是會把她這一路向南、一路走入台灣的行動，視爲一個最誠懇和最具企圖心的「環島行爲藝術計畫」。

位於台北市西區的行政院是政治性的地標，無形中也是社會大眾批判抗爭的箭靶，佳璇卻從這個地點開始她環島台灣的第一步。她這徒步行走的計畫一啟動，第一天就走到桃園龜山，逐漸地也觸發她周遭的朋友。我的老家中壢，一開始就進了她的視野；我聽說的RCA環保汙染訴訟，也在她環走台灣的路線之內。佳璇只要走完一天的徒步量，接續的行程等於原路線來回透過不同的交通工具，至少走個三趟；走過了台中之後，她開始改搭高鐵南下，在這之前，她已經不斷重複搭過台鐵、縣市公車、統聯、小黃和朋友的保姆車，甚至YouBike。如果只是爲了表面的「環島」，她盡可以簡單地走個大概，或是偷個懶。這趟可能長達兩年的徒步環島計畫，無論實質上會耗時多久，佳璇投入的規劃和閱讀，恐怕都會是表面功夫的數十倍以上，遑論我們看不見的、看得見的細節。我必須對她的意志與體力，深感佩服。

除了她筆述的地方野史或人文軼事，這些與她同行的朋友，幾乎以醫療界的背景最多，疫情的陰影完全「埋伏」在她來回琢磨的路徑，與攜手並肩的朋友話題之間。然而，這個「環島行爲藝術計畫」動員的人脈，其實也跟鄉野傳奇一樣精彩；

例如常跟她環島步行的戰友蘇瑞珍醫師，當初竟然跟她從未謀面。透過臉書建立交情的地陪麗凌，當時才剛從金融業退休；我博論指導委員之一的邱錦榮老師，居然是佳璇的大一英文教師，還特地「捨命」陪著她遠征彰化、雲林，跟她走過鄉間小路，也同席吃過在地名產。這群人隨著她的腳程，用自己的節奏，也走出了屬於各自的台灣的故事。在此，我必須鄭重感謝佳璇在那一天，帶我走進了新竹香山那「十七公里海岸風景區」，以及進入苗栗縣境的「綠光海風自行車道」，還有非常奇幻的「崎頂新樂園」。我深深記得跟她在那座貞的有國際表演的國際展演廳裡，吃著超級美味大火鍋的有趣場景；眼前熱騰騰的鍋煙，耳邊熱呼呼的人聲鼎沸，心裡毛顫顫地擔心病毒會不會感染。我一路狼狽地跟在佳璇後面——很後面，看不到背影的那種後面——沒想到她還能把我的同業前輩、資深劇場導演黎煥雄的詩「木麻黃的年少，與風的追逐」，寫在我匍匐前進的目標之前。

佳璇這樣一步步地走，聽著一個又一個在地人講述的地方事，卻是讓我這個天龍國的都市人，感覺到天下之大、卻無比新鮮。比如她轉述友人提及「以清水為中心至梧棲、沙鹿一帶，是香港人移居台灣的首選地區」。或者疫情肆虐之際、台北新聞鬧哄哄之餘，佳璇記起的是七十幾年前，第一個因傳染病被中華民國政府封掉的城鎮，其實是嘉義布袋。走過菊花花圃園區，她惦念起交工樂隊林生祥，在近廿年前發行的傳奇音樂專輯《菊花夜行軍》，我這才理解地方農業的生活點滴，以及這首歌唱的是什麼生活背景。走過西螺大橋，她不單記錄著過橋時感官振奮的心情，佳璇會緩緩吐露她讀過的文字，或一篇詩，讓我們能看見作家季季如何幻化西螺大橋，或是提醒讀者《千江有水千江月》跟改編成電影的《桂花巷》，作者蕭麗紅也是「鹽田兒女」布袋人。走到了台南，佳璇便在隨性隨喜的情境下，把素人藝術家洪通的生平，以及創辦誠品書店的企業家吳清友的老家的故事，帶到她的環島情境。

跨越著走過的溪流、街道、老房跟故居，也有她說不完的台灣史話。比如回憶起一六九七年郁永河《裨海紀遊》記錄走過的採硫歷險，佳璇眼前想到的是被溪水暴漲而阻礙的行程，而我聯想的卻是郁永河當時在媽祖廟前聽到的下南腔（南管戲）竹枝詞。而佳璇一個人獨行的時候，行程一樣精彩絕倫；都已經天色昏暗了，她竟然還敢去探訪一座「邪教根據地」的老洋樓。原來二〇一三年一樁社會刑案的主角，竟是一九二〇年代台灣文化協會重要成員陳虛谷的孫女；還有因爲一九二〇年來台的一位日本文豪的經歷，讓我們知道國語日報社社長父子的報國志，怎麼留下了一首首「斷髮詩」。墾丁大街人車喧嚷的大灣停車場旁，一座毫不起眼的萬應公祠隔壁，就是歷史小說《傀儡花》緣起的「八寶公主廟」。諸多現時風土人情，都能透過佳璇的聯想和閱讀，讓我們霎那間回到關鍵的歷史場景之中。正是佳璇能讀萬卷書、行萬里路，我們能跟著她朝聖三重先嗇宮、白沙屯媽祖、通霄慈雲寺、大甲鎮瀾宮、鹿港天后宮與龍山寺、新港奉天宮、台南鯤鯓代天府、鹿耳門聖母廟、天后宮或是屏東車城福安宮等等。整個跟她走過、讀過這一趟環島步行的旅程，我也能自己想像登上遨遊的摩天輪，享受佳璇筆下的和她們（我們）一起走過台灣文史的海闊天空。

推薦序三

走路的體質

小歐（「四國遍路同好會」主持、作家）

二〇〇九年，我去走了第一次「四國遍路」後，就成爲遍路的忠實粉絲，而且從此愛上走路。儘管如此，我對於走遍路和生活上的走路步數相比，是什麼樣的差別概念，還不是很清楚；直到二〇二〇年，我在手機上裝了一個模擬四國遍路的ＡＰＰ，它其實是一款計步器，只是它會將步行數換算成遍路道上的里程數（徒步遍路的總里程約一千兩百公里），ＡＰＰ裡會累計你啟動以來的步行數，告訴你目前約是走到遍路道上的哪裡。

我喜歡散步，假日有空且天氣還算舒適時，我會出門散步，一走就是十幾公里，大概兩萬步上下。剛裝上這個ＡＰＰ時，我以爲應該很快能完成這個模擬遍路里程，沒想到在二〇二〇年十二月開始啟動這個APP，到二〇二一年七月初寫下這段文字的現在，才走到第四十四番，一百多萬步，約七百八十公里而已。

雖然這期間有三個多月的三級，幾乎沒出門，但那大量的日常才是重點，上班日思緒經常被工作占滿，僅做需要的移動，一天常常只有三、四千步的步行量，進度累積得很慢。加上天氣太熱、天氣太冷、雨太大、有其他行程，假日也不見得能週週出動。原來在日常要走到一趟四國遍路的里程，沒有想像的簡單。

更精確地換算一下，一千兩百公里算成步數約一百五十萬步，若人一天的日常步數是四千步，那就等於是要持續三百七十五天才能走完。但若是一次走完一趟遍路，約是花一個半月的時間。

這一個半月徒步的意義在哪裡？對不同的遍路者來說會有不同的期待，有人為了健身、為了觀光體驗，也有人為了信仰，為了反省、懺悔，但我認為徒步遍路就是一種陪伴自己的過程，並培養出屬於自己的走路體質。

這種走路體質除了是只要有機會可以走路，就盡量用走的之外，還會懂得利用走路來調整自己的身心狀態、達到平衡，接著還會有不怕孤單（享受步行獨處），對他者產生好奇心（路上總會有不少新發現），耐心變好和不那麼好高騖遠（畢竟走路無法太快），懂得自己的身心極限（累與乏都騙不了人），易同理他人的苦痛（只是走路而已產生的身體痛都這麼直接了更何況其他煩惱），以及與走過的路產生接地氣的情感等等好特質。

沒錯，「與走過的路產生接地氣的情感」這是一件相當迷人的事，那是把一個完完整整的自己放在一片土地上，然後透過自己的腳步，慢慢地畫出一條線，路上的氣味、溫度、濕度、聲音輸入進徒步者的記憶中，無可取代的紮實人生經驗。

* * *

我是佳璇醫師《戰鬥終了已黃昏》的讀者，這本書是我心中談家人重病照護相關的經典。二〇一八年，得知這本書的作者人正在遍路道上，就冒昧地在臉書上和她搭訕。而之後，她若有讀到遍路及走路相關的事，總是很樂於和我分享。

看她的臉書知道她在台灣各地徒步的事，我猜想和遍路有關吧！讀了《一路向南》的書稿，確實如此。遍路說到底就是一個走路的行爲，哪裡都能湊個一千兩百公里，那麼哪裡不能走？台灣走一圈也不過就是這樣的里程數，那麼想去遍路但無法出國的時候，何不在台灣走？她便以週末接力的方式，來個台灣徒步旅行。

於是她從台北開始，每個週末走一段，一路向南，可以有朋友同行，可以拜訪、可以觀光、可以接受交通工具救援，有興趣的地方必要走過去，好吃的必要嚐一嚐，累了可以坐車。用這樣的方式與自己生活的島接起了地氣。

完全可以想像她在每段小旅行開始前在 google 地圖上做功課的興奮與期待，還有旅行結束後回家重看一次地圖，那種打通一段路線的滿足感。

佳璇醫師的《一路向南》，與其說是一本台灣徒步遊記，不如說是一種生活模型，一種實踐哲學，更是一種走路體質的最佳範例。文中寫出來的肯定只是吉光片羽，那些在行走間記錄在身體裡的，會打通、會積累，凡有此體質的人必會懂。

總是很想宣揚擁有「走路體質」的美好，只要願意帶自己好好走一段路，去哪裡都好，如果那剛好是自己生活的城、自己生活的島，不是更棒。佳璇醫師會持續走著，期待她一路向北時，我也來當她的走路友，和她共同結一段接地氣的徒步故事。

推薦

作者創新了環島的方式，利用時間的縫隙，完成了目標，還有不時延展出去的地方風景，用腳重新定義，讓步道不只是一條線，環島不只是一個圈。

——**徐銘謙**（**台灣千里步道協會副執行長**）

南方是生命質樸的原鄉，是文學綺麗的想像園地。我們跟隨作者的腳步一路南下，越是深入這塊生養的土地，就越能直面她的歷史，也就越加觸動我們的內心。《一路向南》是一串作者人文地理追尋的足跡，也是一趟讀者自我發現的旅程。

——**康文炳**（**資深編輯人**）

前言

徒步台灣的念頭，在心裡蟄伏已久。

數年前，我一度打算騎著腳踏車，分段環台一週。分段環島非一己創建，流傳千年的日本四國遍路朝聖，近年就興起一種叫「区切り打ち」的走法，把原本長達一千二百公里、四十多天才能走完島上八十八座寺院的行程，依照個人時間分段完成。

《孤獨的美食家》作者之一久住昌之，是最直接的啟發者。他曾應雜誌企畫，以兩年時間，利用週末沿著舊東海道，從東京散步到大阪，並將沿路所見所感連載刊出。

可惜我與小折（折疊腳踏車）遊台灣出師不利。預定出發那天，台北落了一整天雨，熱情瞬間澆熄。直到二〇二〇，新冠病毒大流行，世界移動暫停，台灣各地卻因防治得宜，擠滿出不了國的人。經過蒸騰的夏日，徒步台灣的念頭又倏然出現。

我開始積極搜尋徒步環島資訊，發現有個住在台一線旁的年輕人，某日突然背起行囊從家門口出發／走，一個多月後若無其事地回家；打算親子壯遊的父母，多利用暑假出門，爲了不讓未成年子女餓著，還會預先規劃食宿。

「應該不用吧？」原本打算一人上路，我迅速滑過一路吃喝的網誌。

還有位年紀與我相仿的中年大叔，以媽祖廟爲主題走遍全台，可惜我沒有強烈的宗教情懷。

「騎車不是比較快？」門診護理師見我看診空檔常常掛在谷歌地圖上，忍不住提問。

的確，我看過許多身著緊身車衣、踏著公路車的人馬環島，寫下充滿汗水與光榮的筆記，我也一度功敗垂成（有嗎?事實是根本沒出發），現在卻擔心九天玩完，「不能玩太快，至少要撐到疫情解封，國境開放，繼續完成我的四國遍路」。

「台灣不比日本，夏天熱得半死，我看妳秋天再出發。」護理姐姐善意提醒。

第 1 回

一路向南的起點

台北省道 0 公里－桃園龜山

三井倉庫 · 鐵道部 · 先嗇宮 · 樂生療養院 · 壽山巖觀音寺

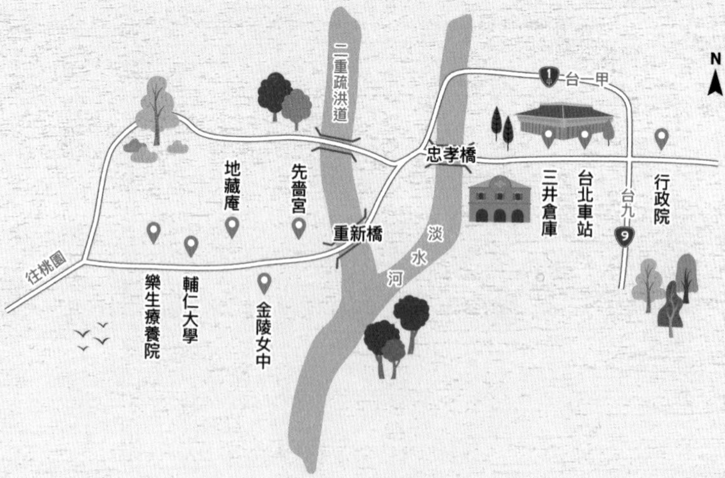

2020.10.10

終於等到第一道微弱鋒面通過台灣上空，空氣稍有涼意，我屐上運動鞋，一身輕便搭捷運到行政院旁的公路原點，作爲我的壯遊（？）起點。

綠底白字的標示，矗立在台北市中山南北路與忠孝東西路交叉口，這裡是省道台一、三、五、九與台一甲線的共同起點。因爲人行道整修，我站在對街監察院前，拍下第一張照片，終於下定決心逆時鐘（二〇二〇年令台灣人敏感的詞彙），沿著台一線徒步台灣。老實說，直到前一晚上床前，我都還沒拿定主意，要先走東岸還是西岸。

一列直升機低空通過台北火車站前，是前來爲我祝福嗎？習以爲常的街景，因爲國慶日、因爲徒步變得超現實。待我回過神，已經走到向東遷移五十一公尺的**三井倉庫**前。

倉庫是日治初期拆除清朝城牆鋪設的「三線路」上，現存最早建物，也是見證台北市走向現代化的重要里程碑。因爲市府要營造北門附近「甕城」意象，拆掉忠孝橋引道後將馬路向北移，倉庫險些不保。東移後重新開放不

徒步僧與弟子

鐵道部

0 公里起點

久的建物，有著復古紅煉瓦外觀，卻透著簇新的氣息，數百公尺外原地整建的鐵道部也是。我歪著頭，想起修舊如舊的最高準則。

迫不及待登上橫跨淡水河的忠孝橋，視野爲之開闊。河道兩側除了自行車道，還有一渚白鷺駐足的沙洲在河中央。幾年前，我常在兩側的自行車道騎小折晃蕩，腦中有千萬個念頭，其中之一竟能成眞，令人不禁嘴角上揚。

進入三重，遇到一隊人馬，領頭的是身穿暗紅色袈裟拿著金色權杖（充當健走登山杖？）的法師，其餘是著便服的在家弟子。我好奇趨前攀談，其中一位告訴我，他們清晨六點從位於建國北路的精舍出發，預定下午要走到泰山的友寺；另位師姐看我一身走路裝扮，熱心表示若是同路一起走吧。雖然泰山在台一本線上，但我不習慣和人太熱絡，決定提早轉進支線台一甲，反正遲早會和本線會合。

其實，現在的本線是新路線，台一甲反而是台北到桃園的舊省道，且在抵達迴龍前與捷運橘線重疊。爲了符合散步精神，我並未詳細規劃行程，且刻意不時時握著手機導航，打算走到天黑不好認路、或是腿力不繼，就坐大眾運輸工具回家，等到下個無雨的週末，再回到前次終點出發

重新橋顧名思義聯絡三重與新莊，是我經過的第二座大橋，橋下卻沒有水，是一大片綠地，名爲新北大都會公園，差點兒忘了是二重疏洪道。

爲免與車爭道，我走橋下順道逛市集。久聞此間是淘寶聖地，正想大展身手，卻想起自己才上路，且周遭幾乎沒人戴口罩，還是別增加背包重量與群聚過久，空手速速離去。

一進**新莊**，視線立刻被斜前方數百公尺遠，建築富麗堂皇的宮廟所吸引，原來是主祀先嗇，也就是八農神之首神農大帝的「**先**

先嗇宮

嗇宮」，捷運車站以此命名，足見其重要性。

然而，附近一帶公車站牌卻是「五穀王廟」，原以為另有其廟，看解說才知是清代舊名，日治時期更名為「先嗇宮」，且當時整修時，貼上大片「花磚」，如今成為一大特色。

當天廟埕上有多座色彩鮮豔的棚架，正狐疑宮廟也過國慶？就聽見兩名路過的中年男子片段交談內容，包括「杏仁哥主辦」、「不曉得韓國瑜會不會現身」云云，連躲雨的我都豎起耳朵。

台灣許多宗教團體，具有舉足輕重的政治影響力，當我一一瀏覽正殿上方新舊不一的匾額及其署名者，差點兒失禮地為神明貼上顏色……

雨停了，趕緊走回省道，就遇上金陵女中大門——天啊，這不是一九六八年初，新婚的先母從雲林虎尾女中北上轉任的第一所學校？她總說自己在鄧麗君休學後調來，和未來的巨星緣慳一

地藏庵

面。因爲疫情，我默默離開，不想給校門口警衛大哥添麻煩。

舊省道（台一甲）貫穿新莊鬧區，但我很難從連鎖店羅列的平凡街景中，窺見有兩百多年開發史的城鎮身影。直到**地藏庵**牌樓吸引，我轉入通往正殿的參道，並發現一排日式石燈籠。

地藏庵顧名思義主祀地藏王菩薩。然搜尋官網，卻發現乾隆二十二年（一七五七）捐地蓋廟的仕紳陳謙興，是爲了無人祭拜的孤魂野鬼，可說是大眾爺先來，地藏菩薩後到。

咦，爲什麼廟裡有日本神轎？我的好奇心瞬間爆表，「難道過去還有神社？」

根據金子展也調查，一九三七年舉行鎮座祭的「新莊神社」，與地藏庵有數百公尺距離，戰後一度轉爲血清研究所，一九五〇年前後拆除。後來土地賣給和泰汽車，成爲豐田營業所。曾派駐台灣多年的金子先生，還在二〇〇九年找到地方耆老陳登波，見證當年連他在內共十二名壯丁，將神轎和石燈籠扛到地藏庵安放的往事。

時間接近正午，我的腸胃卻已被老街上「阿瑞官粿店」兩顆紮實草仔粿打發，以至於經過輔大時，沒心思找尋數年前搬離校園的三寶之一「大菠蘿」（另二寶是煎餅和霜淇淋），只拿出手機打卡。

隨手刷臉書，發現第一張宣示開始徒步台灣的「公路原點」照，已引來許多留言。刷過一片問號驚嘆號，大學直屬學弟問何時經過西螺大橋，他想陪走一段；東部行醫的同行也說要到台九線「迎王師三十里」……

越看越入神，我索性停在騎樓下回應時，跳出網友回應輔大正門打卡：「下一站迴龍有家虱目魚粥，推！」另一位朋友卻秒回：「個人認爲不値得排隊！」

樂生園區的聖望教堂

樂生療養院

正遲疑是否去造訪那家名店，讓散步變成實境秀，**樂生療養院**的路標出現了。我毫不遲疑轉入小巷，經過新大樓，再繞道捷運新莊機廠，也就是被拆除的部分舊院區，才能走進倖存且不全的歷史建築群。

靜悄悄的午後，我躡手躡腳地走過幾棟整修中的建物。明知早年因感染痲瘋病曾被強制隔離的住民多已凋零，我卻幻想穿越時空巧遇電影《戀戀銅鑼燒》劇中的樹木希林。她飾演的德江奶奶，隱瞞年輕時罹患漢生病的過往，偷偷去打工，幫助永瀨正敏經營的銅鑼燒店起死回生。

行過迴龍，開始覺得雙腳沉重，畢竟已不知不覺走進桃園市龜山區。既然離太陽下山至少還有三小時，決定繼續前進，走不動再搭經省道的客運回家吧。

遠在公路局年代（後來一度改組爲台灣汽車客運公司，是國

高鐵列車經過台一線上方

光客運前身），我曾經從台北搭客運「長征」桃園。那是一趟臨時起意的旅行，先母似乎與父親有口角，帶著才念小一或小二的我，還有妹妹，到桃園姨婆家散心。當年坐在客運上，我既不安又興奮，只記得必須走過一段群峰環抱的蜿蜒山路，才會抵達目的地。

不知是肉體還是記憶沉重，我越走越慢，不但公路變成寬廣的雙向道，群峰也只是散布著鐵皮廠房的丘陵，加上各種自用車呼嘯而過，我不禁懷疑，真還有客運嗎？

終於看到一班公車經過，我士氣大振，才想起明明有手機，怎麼不google一下！想不到，這段省道從早到晚，每隔三十至四十分鐘，就有一班客運。正咕噥著人的感知與記憶實在不可靠，前方上空突然轟隆隆穿過一條橘白相間的巨龍，「是高鐵！」我忍不住輕呼，並停下腳

｜第一天的終點：陸光二村

｜三級古蹟壽山巖觀音寺

步找角度，留住下一班列車通過的身影。

儘管雙腿移動越來越艱難，卻不敵國家三級古蹟「**壽山巖觀音寺**」路標引發歷史控的好奇心。我再度離開省道，登上小丘，果然別有洞天。除了閩南式寺廟建築，還有個大水池與一片九龍壁，遊客穿梭其間，或拍照或餵魚。乍看一片尋常風景，走近一聽，好些人操著泰語、越語，應該是附近的工廠移工，假日出門透透氣，順道祈求菩薩保佑。一間原本供奉觀音的草庵，因著路過的蒙古裔總兵，得到滿人皇帝乾隆賜名「壽山巖觀音寺」，逐漸發展至今天的規模，不僅保護在地鄉親，還有異國遊子。

進入龜山市區前，腦子還一度肖想登上虎頭山作爲今天終點。最後，身體誠實地停在**陸光二村**站牌前，等待循省道原路返回台北的公車。

第 2 回

偽出國散步

桃園龜山－埔心

虎頭山公園 · 桃園縣忠烈祠

· 桃園療養院 · RCA · 壢景町 · 新光吊橋 · 八字圳

2020.10.25

在虎頭山烤肉的移工們

微涼的週日早晨，我在北門站，等候搭乘經新莊、龜山到桃園的客運，正好複習第一回旅程。

七點整，班車進站，只有我上車。專車待遇直到新莊，才陸續上來拖菜籃車的歐巴桑、練球的中學生、和噴古龍水的移工，以接近滿座的狀態，停靠在上回終點陸光二村。

沿著南崁溪自行車道，和三三兩兩晨運裝束的中年男女，走進不遠的**虎頭山公園**，我一鼓作氣登上石階，發現山上別有洞天，不僅步道迤邐，兩旁還有元極舞阿姨團，太極拳大叔隊，和邊聽西洋音樂邊ＢＢＱ的移工。前兩者不稀奇，但我真想湊過去跟那些自得其樂的朋友聊聊，烤肉是假日休閒常態？還是入境隨俗慶祝剛過的中秋節？

從「**桃園縣忠烈祠**」石碑右拐，我步上參道，來到當日尚未開放的中門前喘氣休息。林木蓊鬱環繞著殖民遺緒，這裡是日本戰敗後海外唯一保存的神社，雖然本殿和拜殿已改成祭祀鄭成功、丘逢甲，以及國軍陣亡官兵。

門一開，我搶在「僞出國團」到來前，快速巡禮綠草茵茵的中庭，卻心有不捨地從中門回望，夾著蘇鐵、大王椰子、樟樹、古榕和櫻樹的參道，還有重建的不典型鳥居。最後走進修葺一新的社務所，仔細觀看紀錄片，看台日匠人一起合作重現八十多年前的各種建築工法。

出發前研究地圖，發現台一線和從大園通往大溪的台四省道，行經桃園鬧區時共線，宛如馬蹄形的外環道，分道揚鑣後理應進入郊區，但近年市區快速擴張，已無上世紀末從台大醫院輪調**桃園療養院**受訓，連搭三個月交通車上下班時殘留的印象，盡是櫛比鱗次的樓房。

此時，昔日戰友，住院醫師同時受訓，時任桃園療養院主任醫師的汪振洋傳來簡訊，問我離開神社後，是否沿著省道前進，「在省道與國際路口等一下，陪你走一段」。

| 桃園縣忠烈祠（桃園神社）

桃園療養院｜

RCA原址｜

我又驚又喜，出發時雖有不少臉友留言相挺，振洋是付諸行動第一人。他告訴我，退伍至今都住在這一帶，雖然爸媽還在台中，心中已認定自己是桃園人。

「這算是日久他鄉變故鄉嗎？」振洋以笑容回應我的提問。

話匣子一開，兩人四分之一世紀前初入醫界的囧樣一一浮現。我們聊起桃療前身，是從台北松山搬來的養神院。雖是台灣第一家公立精神病院，可直到我來受訓時，仍與省桃，也就是現在的部立桃園醫院共用急診。當時台灣剛引進外勞，時不時遇到仲介帶著精神失序的移工要求打一針，好送上回母國的班機。

我常和仲介吵架，因爲他們不肯當通譯協助問診、堅持打針就好；還有許多台北的大學醫院沒見過的人與事，像是某日值班深夜呼叫，穿過直通省桃急診的昏暗走廊，我被下車掛號的病人父親直接「帶出場」，摸黑到縱貫路旁荒涼的停車場。留守的母親滿臉歉意告訴我，人在廂型車內，因爲發病脫光光，不好意思帶進急診……

「你看」，振洋打斷我，示意從路旁一片鐵皮圍籬空隙，窺探內部荒地，「這裡是**RCA**原址，汙染還在，土地尙未解禁」（管制區約占地7.2公頃）。

「還有救嗎？」兩人一陣靜默。一九六九年建廠，一九九二年關廠的RCA（美國無線電公司），曾經是台灣經濟起飛時期的外資看板，專門生產電視機零組件等電子產品外銷，以外商優渥福利吸引許多女工擔任作業員，員工一度高達兩萬人。

關廠不久，RCA奇蹟卻被踢爆，不僅長年偷挖井傾倒有毒廢料，汙染當地土壤及地下水，員工更因長期暴露於多種致癌有機溶劑，因此得病、罹癌，甚至失去性命。

「我讀過得金鼎獎的工殤口述史《拒絕被遺忘的聲音》，還邀請總編輯上我代班的廣播節目受訪……二〇一五與二〇一八年，法院雖然接連判工人勝訴，資方早已脫產……」一陣沉默後，我終究是憋不住、繼續聒噪的那一人。

老友陪我走到重新改建的桃療院舍前，在已經蓋滿房子的龍壽街上，兩人隨意找了家假日營業的連鎖水餃店用餐後分手。而今，療養院不只有獨立急診，還有加護病房，「當新冠肺炎患者不幸精神病發作，就是我們的事」。

重新一人上路。才過內壢，中壢就在眼前。由於省道如桃園規劃為外環道，我決定「截彎取直」，沿縣道 110 甲延平路穿越心臟地區，直奔整建不久的日式警察宿舍群。

近年全台瘋日式建築，有幸整修保留的聚落，卻常失去生活氣味。經市民票選，重新命名為「**壢景町**」的警察宿舍群，八十年老屋會不會有類似命運？從我有記憶，就和外公外婆在雲林虎尾的日式警察宿舍一起生活，自從得知中壢這群翻新的老屋，內心忐忑不已。

「壢景町」警察宿舍群

B棟的格局最接近外婆家，目前是餐廳。我不打算用餐（也怕夢想幻滅），直接走進獨立的A棟與C棟，卻在玄關口，遲遲聽不到外婆一聲熟悉的呼喚……

離開中壢重回省道，才入平鎮，我又被老街溪步道的招牌吸引，趁著天光踏稻浪前進。途中有座名為「**新光吊橋**」的新橋，一旁卻保存舊橋塔，原來是五十多年前附近的新光合纖設廠時，為配合高壓電力輸送工程搭的橋。接著出現伯公廟、紅磚糯米拱橋，還有看來剛落成的八字圳水岸公園，可細看說明，才知附近圳道已有二百多年歷史，是先民引水灌溉所築，統稱「**八字圳**」。

離公園邊界高架的66號東西向快速道路越來越近，我回頭一望，才發覺自己走好遠，薄暮蒼茫，根本看不見省道。又花了點時間，沿著像是鄉道的平德路回到台一線，走向最近的**埔心車站**。

左上：紅磚糯米拱橋｜左下：平德路旁的民宅前，取葵花籽的婦人｜右上：新光吊橋｜右下：老街溪步道旁的稻浪

第 3 回

客家美食與花田巡禮

桃園埔心－楊梅

埔心市場 · 楊梅壢 · 伯公山 · 錫福宮 · 楊梅花彩節花田

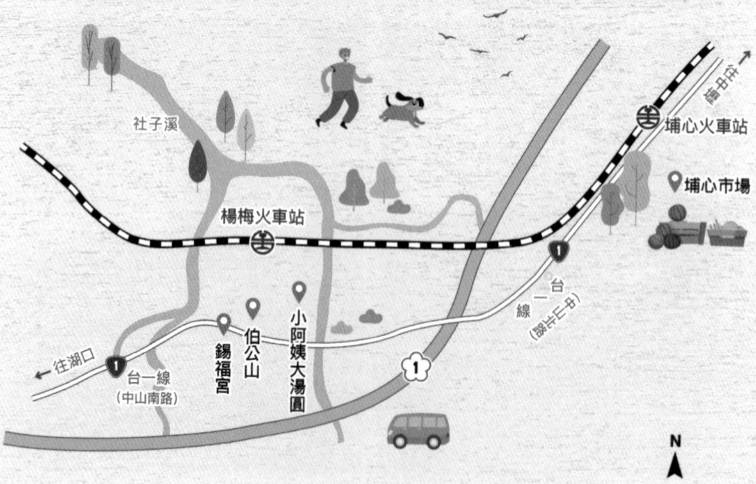

2020.11.08

在電聯車上與家瑩合影

深秋的東北季風，爲北台灣帶來綿綿細雨，不知今日起點埔心，會受到多大影響？

出發前一晚，心惴惴的，特地請在當地等候集合的邱瑞祥學長，一早起床發出即時天氣觀測簡訊，若雨勢明顯，步行就順延。「楊梅雲層低低的，沒有雨，預報說九點以後降雨機率趨近於零」。南下的區間電聯車啟動前，我和同行高中同學宋家瑩，幾乎同時掏手機收簡訊。

兩人浸淫醫界多年，雖沒有「手機震動幻想症」，卻對它的動靜極其敏感，尤其是仍在醫學中心工作的家瑩，更不能錯失任何一通電話——「可以出發了」，「半百老嫗」一同自拍自嗨，心情活像出門遠足的小學生。

一路絮絮叨叨，很快就到埔心，和在地的邱學長會合。今天的徒步三人組雖因臉書成軍，卻是眞實世界與我各自相識多年的老友，連職業也很接近，學長和我是精神科，家瑩是神經科。這兩個專科四十多年前才分家，以大腦是否有可見的病變爲分野，但我深信，隨著腦科學進展，總有一天會「復合」。

在附近開業的學長建議我們拐進車站對面小巷，「和省道平行有一條街，加上周邊延伸巷弄，統稱**埔心市場**，我和爸媽常來這裡買菜」。

「天啊，怎麼這麼東南亞！」我逛過雅加達和曼谷的傳統市場，不禁低聲驚呼，路旁連著幾攤菜販，混合陳列本地與一些叫不太出名字的青菜出售，空氣中飄浮陌生香氣。

「這就是僞出國囉」，家瑩拿出手機猛拍，可一轉身，市場主要街道卻充滿客家印記。「我是不會講客家話的客家人」，兩位好友同時告白，相識多年，不知他們身上都流著客家血液。其實，從小家父也常告訴我，「俉阿祖（曾祖母）是客家人，阮

｜客家湯圓

｜貨櫃集散場

細漢時聽過阿嬤講客家話，但她的小孩，也就是恁阿公就不會講了。不過，汝身上確實有八分之一的客家血統」。於是，這回徒步瞬間變成三個不會講客語的中年人客庄采風行。

重回省道，學長要我們留心沿途幾個貨櫃集散場，成千貨櫃如積木陸上堆疊，一時以爲來到港邊，顛覆我既有印象。雖然是突兀的地景，不也反映著南桃園工業發展，才出現這些轉運樞紐？

因爲在地人同行，我們放心偏離省道，進入**楊梅壢**的心臟地帶。楊梅壢是舊名，多了個很客家的「壢」字，意思是台地間的河谷低地；清代移民至此，見楊梅樹滿山遍野，便以此爲名。只不過，鬧區已經找不到楊梅樹，只有餡滿皮薄的客家大湯圓。

客家湯圓以肉餡最多，也有包菜脯米的；湯頭配菜多樣，韭菜和油蔥最得我心。三人在「小阿姨大湯圓」各叫一碗，還切了

錫福宮

一大盤滷菜大快朵頤，也順便躲過正午的陣雨。

雨過天青，我們慢慢踅老街，穿過殘存於街市的埤塘、小溪，來到一座叫做**伯公山**的小丘，大樹參天。「這群樹每株都有百年以上的樹齡」，我看到一株株樹幹合抱粗的茄苳、樟樹與老榕不禁驚呼，殷羨小鎮這些寶貝。根據桃園市政府受保護樹木資料，伯公山有五株，而全市不過六十一株；比對一九九〇年建立的檔案，最初此地高達十一株。

環顧四週，我不禁好奇，老樹如何逃過開發保存下來，是背後主祀三官大帝的「**錫福宮**」給它們當靠山嗎？可當我耙梳資料，才發覺三十年前，廟方一度傾向剷平山丘與老廟，開發一間有電梯，供信徒搭乘到地下街用餐的新廟。

一九九四年六月，幾名來自外地的青年成立自救會，以「保廟、護山、救樹」作訴求，爲即將被砍的老樹披上寫有「樹神」

｜楊梅花彩節

的紅衣，並在四周掛起抗議布條。最後因在地聲援與耆老協調，樹被留下來，廟終究在二〇一四年改建成現今富麗堂皇的閩南式宮廟。

三回省道，已從中山北路變成中山南路（經楊梅市區叫中山路）。我發覺台一線一路下來也換了不少名字，從台北市的忠孝西路、新莊的中正路、龜山的萬壽路，到桃園的中正路……，不也是某種威權遺緒？

有路跑習慣的家瑩，因市郊人行道時有時無且高高低低，不慎扭傷腳踝。她問到花彩節現場還有多遠，「不到兩公里」，我立即用 google map 確認；「繼續走吧，觀察一下，別擔心」。

花彩節會場分散桃園各區，由市府統籌行銷。楊梅區則利用省道與國道一號間大片秋收後閒置農地，撒下向日葵、大波斯菊等一年生草本花卉種子，既可造景拚觀光，活動結束還能作綠肥。

「一期一會，幸好沒放棄」，三人抵達會場休息後，還是決定提早結束，將花田當做本日徒步終點。看到家瑩懊惱又不好意思的表情，「不希望你明天一拐一拐地走進醫院」，我鄭重強調，學長也通知在家待命的兒子開車來接駁，送我們倆到車站回台北。

「咦，昨天不是說要走到湖口，怎麼這麼早就不走了？」駕駛座上的年輕人嘟囔著。「沒禮貌，有人受傷了」，坐在副駕駛座的父親立刻反擊。父子一搭一唱，看得出好感情，不知不覺已來到省道旁的新豐火車站。

扭傷腳終究影響心情，我們直接走向北上月台，略過老站舍改造的漂亮咖啡店。

上：與邱瑞祥學長合影｜下：新豐舊站改造的咖啡店

第 4 回

遇見全台最大的小 7

桃園楊梅－北新竹

全台最大的小 7・湖口老街 ・三元宮 ・湖南生態戰車公園
・迅雷部隊 ・北新竹站

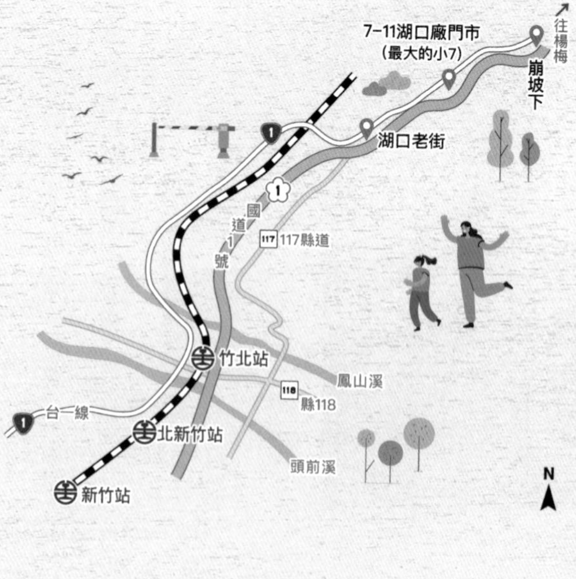

2020.11.15

越南拔絲點心

越南罐裝食品

又來到埔心站，爲了轉乘客運前往上回終點，台一線在桃園新竹兩縣交界的花田。我還特意留了一小時空檔，再去充滿東南亞風情的市場轉一轉。

走進一家有著中、越文雙語標示的小吃雜貨店，我叫了一碗牛肉河粉，因座位有限，便與一位年約三十出頭的小姐併桌，在越語此起彼落的環境用餐。

「剛嫁來台灣的時候，我都不敢煮家鄉菜」，併桌的客人頗爲健談，「後來慢慢發現，身邊的台灣朋友其實蠻喜歡的」。

喜歡推廣越南飲食的不只這位台灣媳婦，離開前，身爲越南女婿的店主，也鄭重介紹我買一種類似拔絲的不知名點心，「這是我岳母做的。她年初來看女兒，因爲疫情滯留到現在，但老人家閒不住，我就鼓勵她做著隨便賣。」

怕錯過一天只有四班的省道客運，我早早走回埔心車站候車。令人驚

全台最大的 7-11 |

訝的是，我彷彿上了一班週日早晨主婦專車，泰半是拖著菜籃的歐巴桑，魚貫在楊梅下車。

離開市區不久，就是上回終點「**崩坡下**」。花彩節已經落幕，接駁客運站撤了，台一線恢復平日的靜謐。我踩著陽光，不知不覺走到全台最大、位於工廠前的**便利商店**。

先走入宛如童話世界的店內朝聖，再點一杯咖啡到戶外座位區休息，身邊不是騎公路車的車友，就是開車出遊的家庭。我爲沒遇著過度興奮四處狂奔的小孩偷偷吁了口氣。

重新上路，開始出現**湖口老街**的標示。這一帶古稱大湖口或大窩口，是位於山區與台地交界的貨物集散地。一八九二年，劉銘傳將鐵路鋪設到現在的老街，更促進當地發展。一九〇八年，縱貫鐵路全線完工，大湖口成爲北新竹商業重鎮，老街也在地方富紳號召下，除了原本的「街頭」與「橫街」，又建了第三條「新街」，爲配合新街動線，還重建地方信仰中

上：三元宮 ｜下：湖口老街

「崩坡下」靜謐的台一線

心**三元宮**。

我走進已成爲縣定古蹟的典型客家宮廟參拜，相對於閩南式的華麗繁複，我反而欣賞樸實、節制的雕飾。回到廟埕前涼亭小憩，再到當年的新街，現在的老街逛逛，由於全台各地老街陳售商品高度相似，使我對購物產生免疫，便一路走到火車站舊址的「老湖口天主堂」。

一九二九年，楊梅湖口段的鐵道由於坡度過陡，日本殖民政府決定路線西移，湖口站遷離後，老湖口一帶開始沒落，持續數十年，連二戰後修建的天主堂，也因教友減少，於一九九三年停止活動，而今成爲社區活動空間。

走出老街，我離開省道，沿 117 縣道前進，而經湖口營區這一段，其實是過去的省道。登上小丘，先是「**湖南生態戰車公園**」進入眼簾，接著便是陸軍六軍團裝甲 542 旅駐紮的**迅雷部隊**。

沿著毫無遮蔭的營區圍牆行走，我不禁想起，這裡是一九六四年的湖

| 縣道 117 兩側

口兵變，也是二〇一三年洪仲丘事件現場；前者讓蔣緯國失去蔣中正的信任，後者則掀起軍中人權改革狂潮⋯⋯正當我沉浸於歷史現場，卻意外在營區對面一幢不起眼的兩層透天紅磚樓前，發現一個「代孵蛋」的紅色小招牌。

根據招牌附上的最新價目表，雞蛋一顆「入孵」五元，鴨蛋與鵝蛋十元；領出小雞小鴨一隻十元，小鵝二十元。換言之，成功孵出一隻小雞收十五元，小鴨二十，小鵝三十。更有趣的備註欄還交代，每顆送來的蛋要寫上代孵者的聯絡電話，送來十天內會收到蛋有無受精的通知，若無，須及時領回，管理者每三天會自動清理，以免發臭⋯⋯

隨著生活型態改變，現代人多食用來自大型飼養場的家禽，越來越少人送自家雞鴨下的蛋來孵。「代客孵蛋」已是夕陽產業，說不定下回經過，連這家也走入歷史。

營區過後縣道開始蜿蜒，甚至在台地邊緣轉了90度，隔著鳳山溪，遠望

列車行經竹北市區

即將到達北新竹站的區間電車

腳下高樓林立的新竹市，竟有重回塵世之感。由於步伐越來越沉重，我決定右轉118縣道進入竹北，倘若用餐後雙腳還是一樣沉，就直接搭火車回台北。

想不到餃子一下肚，又「活」了過來。重回省道越頭前溪，看見右側並行的台鐵鐵橋，我的腦子卻突兀地跳出，四十年前自強號撞飛闖越平交道砂石車後，多節車廂出軌墜入河床的恐怖畫面。還記得事故發生後幾年，只要坐火車經過，心裡就不舒坦，會一路默念佛號祈求平安無事。即至年紀更長，才知雖然不是直接受害的當事人，透過媒體一再暴露於災害資訊中，也可能形成某一代人的集體心理創傷。

拿出手機查妥回程火車時刻表，並估量自己的腳程，今天徒步最好在北新竹站打住。這座位於住宅區的新車站，看來應是高鐵通車後，台鐵改變經營策略，在都會周圍增設車站，方便短距離通勤。當北上列車行經頭前溪，多年不見的大學同學傳來簡訊，「看到你在**北新竹站**打卡，我就住在車站對面，要不要上來坐坐？」

第 5 回

現址歷史最悠久的動物園

北新竹－香山

新竹動物園 · 新竹公園 · 竹蓮寺 · 香山濕地 · 香山天后宮

2020.12.06

我頂著乏力的冬雨，從醫學院老師，也是我任職診所前任所長黃博昭教授的告別式會場出發。記得學生時代的黃老師是個步調快、要求精確，望之儼然的心臟科醫師，沒想到在我結束台東三年半浪人醫師生涯，成爲向我招手回台北的長輩。從他身上我看到醫者的堅持，幾年前診所轉用電子病歷系統，從年輕手寫到七十五歲的老師，二話不說咬牙學會。

向老師鞠躬道別後，我選擇騎 YouBike 轉換心情，從台北第二殯儀館附近往捷運站大安站，再轉台鐵到新竹。

南下自強號車廂空蕩蕩，到站停靠在月台邊。不知爲何，突然想起日本已故男演員渥美清（一九二八－一九九六）。他在全世界最長壽系列電影《男人眞命苦》中，飾演四處流浪叫賣搞笑的男主角車寅次郎，是個只搭站站停靠慢車的魯蛇。或許因爲他的演出伴我度過疫情風聲鶴唳的上半年，我決定放棄上車，改搭

新竹動物園｜

下班站站停的通勤電車，悄悄向「阿寅」致敬。

行過桃園，冬陽已大方露臉，抵達北新竹站後，我從後站徒步前往首次造訪的**新竹動物園**，尋找圓山動物園的記憶。

爲何到歷經兩年半大整修的新園區找舊記憶？出發前，我做了點功課，二〇一九年十二月重新開園的新竹動物園，是台灣原址現存最古老的動物園，也是上世紀三十年代殖民政府都市計畫遺緒。當年新竹城因「街道改正計畫」，由「街」升格爲「市」，便在已開園的新竹公園附近，增設兒童遊園地，擴建初具規模的運動遊樂場與動物欄舍，而一九三六年興建的大象門與噴水池，不但幸運躲過戰火，且在歷年整修中保留下來。因此，初來乍到的我萬分期待，能在此與同時期建造、已於一九八六年遷址消失的圓山動物園相遇。

我迫不及待穿過新大門，在沒有獸欄的園區，只用簇新的壕

上 2：新竹動物園｜下 2：新竹公園

竹蓮寺｜

溝與剛種植的綠籬隔出空間，還有極力營造的濕地與類棲地。爲了符合當今動保意識，建築師致力物種減量與空間開放，以至於我一路逛下來，遇到的遊園人類遠多於動物。

終於來到歷史區，舊大門映入眼簾，兩側的洗石子門柱，頂頭蹲踞著獅子塑像，對側是兩隻伸長鼻子相望的大象；至於視野中央，則是豎立金色抱鯉小童雕像的噴水池……我確定當年的圓山沒有類似地景，但流動其間的空氣、光線，還有遊園者們洋溢的情緒，卻和我記憶中的動物園一模一樣！

走出大象門，經麗池入**新竹公園**，一路濃濃的「昭和風」，幾度讓我以爲在日本某個地方城市散步，直到走回和縱貫鐵路平行的南大路，瞻之在前、乎焉在後的機車，將我帶回現實。

穿越鐵道回中華路接台一線前，我順道參拜當地人稱作觀音亭的**竹蓮寺**，是新竹的三大信仰中心（另外兩個是城隍廟與長和

｜香山濕地

宮）。從康熙年間福建移民建築的小庵，到竹塹城內第一座民間集資興建的廟宇，雖經多次重修，竹蓮寺的大木結構與部分彩繪仍維持舊有樣式，已被公告爲歷史建築。

徒步至今，我發覺自己不僅享受公園與動物園等設施所象徵的文明開化，與其所營造的「非日常性」風景，也越來越懂得欣賞寺廟周邊日常的、亂中有序的生氣。坐在離廟埕不遠的麵攤，當肚子被魷魚羹麵餵飽後，我突然有所體悟。

離開市中心，回到繼續喚作中華路的台一線，縱貫鐵道也一路相伴到香山車站，除了南來北往呼嘯而過的各級列車，街景漸趨單調。我忍不住拿出手機搜尋，發現靠海的61快速道路外有賞蟹步道，決定通過這幾年新增的三姓橋車站後，再度脫離台一線，直奔步道所在的**香山濕地**。

「直奔」是誇飾。我踏上的其實是當地知名的「十七公里海岸風景區」內可以散步、騎自行車的海堤，只有在特定地點，才有步道可以下海走入潮間帶，近距離賞鳥、觀海與賞蟹。夕陽尚未西下，二百五十公尺的心形石滬賞蟹步道，也因適逢退潮空蕩蕩，只能放棄目睹「萬蟹奔騰」的念頭繼續往南。

海堤綿延，讓人不禁想走到地老天荒。幸好理性的我跳出來提醒，如果不在香山車站打住，太陽將在抵達崎頂站前落下。換言之，我得摸黑走上幾里路。決定不再貪戀美景，找到橫跨61快速道路的「朝山曬船橋」，天橋正因有如曬船保養時倒置的漁船造型得名。

曬船橋另一端是**香山天后宮**，現今建築竣工於大正（一九二三）年間，因後續整修改動過多，未被指定為古蹟，但與竹蓮寺同列為歷史建築。

媽祖的慈悲與廟宇的魅力，與是否指定為國定還是縣定古蹟毫無關係。我愛香山天后宮的質樸，更勝於繁複瑰麗的竹蓮寺。天光漸暗，穿過新舊住宅並陳的香山社區，一面追貓一面向省道旁的火車站前進。或許因為檜木打造的入母屋造式站舍，是如假包換的古蹟，我捏手捏腳小心翼翼穿過剪票口，直到登上後來搭建的天橋，才放開腳步。

上：香山車站｜下：香山天后宮

第 6 回

沿著沙丘與海岸前行

新竹香山－苗栗大山

朝山曬船橋 · 香山沙丘 · 崎頂新樂園
· 綠光海風自行車道 · 竹南濕地 · 中港溪 · 大山車站

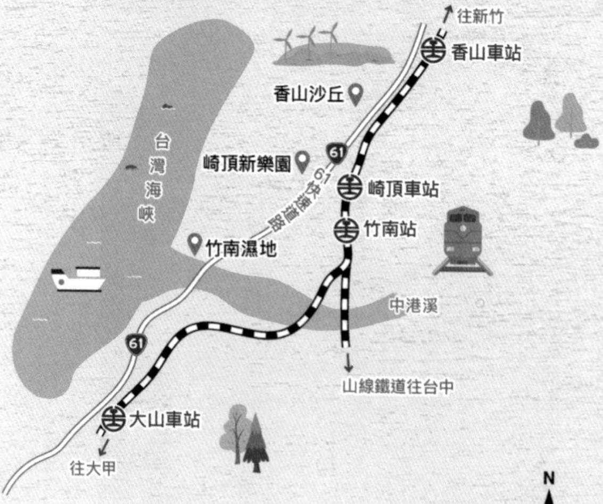

2020.12.19

清晨七點不到，老友傅裕惠已在台北車站地下三樓的三鐵共同出入口等候。

「真無法想像，這麼早會有這麼多人搭火車」，從事劇場工作的友人，始終是個好奇寶寶。即便戴著口罩，兩人一路吱吱喳喳，像參加校外教學的小學生，不知不覺來到上回終點香山車站。

頂著東北季風，我熟門熟路地登上橫跨61號快速道路的天橋「**朝山曬船橋**」，從「十七公里海岸線」南段開始步行。經過海山漁港荒涼的港區，逐漸接近風景區的終點**香山沙丘**，雖是個知名網美景點，冬日上午除了鋪柏油的工班，只遇到五指可數的遛狗阿伯。

邀請不同領域的朋友做伴走路，彷彿打開另一雙眼睛看見世界。裕惠近年執導多部歌仔戲，只要經過廟埕，不論是拜媽祖還是土地公，都會停下來打量一番，有如「場勘」，細細斟酌怎麼

香山車站內部

香山沙丘｜

海山漁港｜

做好一齣戲。

根據google導覽，新竹市與苗栗縣交界的海岸線自行車道尚未相通，我們決定回到快速道路東側的鄉道。由於隔著種植雜樹的斜坡，徒步時看不見鐵軌，卻可由聲音頻率的變化，區分是南下還是北上列車通過。當我隨口說出「這是都卜勒效應」時，文組出身的裕惠突然對我投以崇拜的眼光。

原本預定抵達崎頂車站後，在附近休息用餐，結果找不到任何店家。覺得事態不妙，我們趕緊登上車站附近的觀景台，極目四望，還是沒有任何招牌；連問路騎電動自行車經過的移工，都跟我們搖頭。

「前面就是海水浴場，說不定附近有柑仔店兼賣吃的……」，我心虛地指著下方快速道路西側的灰色海岸。

沿鄉道下坡，三度橫越61號公路，見到一座突兀的中式牌

崎頂新樂園的小火鍋

綠光海風自行車道旁的運動器材

樓，後方停了幾部遊覽車，和一個有木麻黃圍籬，像是濱海渡假村的入口。

「裡面有餐廳嗎？」裕惠先我一步開口。

「有小火鍋喔。對了，要看表演嗎？如果只吃飯，不收門票」，負責收費的小姐用大陸口音親切回應。

沒等她說完，我們倆猛點頭。接著便按照指示，經過無人的園區往餐廳前進。途經國際展演廳，還有下午兩點開始舞蹈表演的跑馬燈。

掏出口罩戴上，我和裕惠一推門，不僅迎來陣陣熱氣，還有十來桌團膳客人杯觥交錯製造的聲浪——目擊國旅大爆發，學醫的我不禁暗暗爲疫情擔心。

離開魔幻的「**崎頂新樂園**」，我們決定沿著「綠光海風自行車道」指示一路向南，估計腳程，天黑前應該能過中港溪，切回海線鐵道的大山站。

竹南鎮境內的「**綠光海風自行車道**」緊貼海岸線，穿（木麻黃）林打葉，一路有巨大的白色風車低吟。讓我想起多年前資深劇場導演黎煥雄以詩追憶苗栗老家海岸「木麻黃的年少，與風的追逐」。而今，「坐在時間的海岸」的詩人，因母親與阿姨相繼罹患失智症，譜給歌手萬芳唱的已是充滿悲憫和守護含意的歌曲「阿茲海默」……

照顧失智者雖是我和裕惠的日常，我們不忘搞笑。自行車道每隔一段距離，就會出現不同運動器材與小型造景裝置，兩位同年的半百老媼一路把玩，終於推進到中港溪口的「**竹南濕地**」。

看到有著兩座日式拱橋點綴的池塘，我又想起一個故事。位於台北市公館蟾蜍山下的母校公館國小，曾經號稱有個因天然湧泉生成的小濕地，並獲得教育部八百萬元補助經費，設立了觀測系統。直到二〇〇四年水質檢測有氯，緊急調查才發覺，其實是創校前拆除民家時忘了封自來水管，持續

| 竹南濕地

談文至大山間的海線鐵道

中港溪出海口

漏水二十七年。校長得知眞相，忍不住留下眼淚，所幸時任市長的馬英九先生指示保持原管線，讓它繼續供水，維持「美麗的錯誤」……

「這也太誇張！」裕惠笑得眼睛瞇成一線，可邊說故事邊滑手機的我卻突然瞪大眼睛，「濕地被廢止了」。

「你說你母校的假濕地？」

「不，是眼前這片。竹南鎭公所已經向內政部申請廢止，因爲建了焚化爐，周邊農地用太多化學肥料，還有各種汙水排放，造成濕地累積大量的汙染物。最重要的是主要土地所有權人不願意，所以無法列入地方級暫定重要濕地……」我大聲朗誦手機查來的廢止理由，越念越冏。

帶著沉悶的心情，走上離海最近、同時是台61快速道路經過的玄寶大橋，準備跨越**中港溪**。我走在前頭，幾乎看不到裕惠

與裕惠合影

大山車站

的身影，心想不如停下來，與在橋上架好相機等待夕陽的駐足人群，一同欣賞出海口開闊的風景。

裕惠慢慢走近，要我繼續走，她已體力不繼，想脫隊叫計程車來救援。我正色回應，「別鬧了，這裡叫不到車，再走三公里就是終點。雖然只有兩個人，我也算是領隊，不能把隊員丟下。」

兩人打起精神，下橋後穿過一畦又一畦採收中的番薯田，沿著鐵路，就著日落後的餘暉，走進搭著施工圍籬的**大山車站**。

第 7 回

喜逢媽祖

苗栗大山－新埔

龍雲宮 · 後龍 · 新港社（道卡斯） · 山邊馬祖宮
· 白沙屯拱天宮 · 通宵鹽山

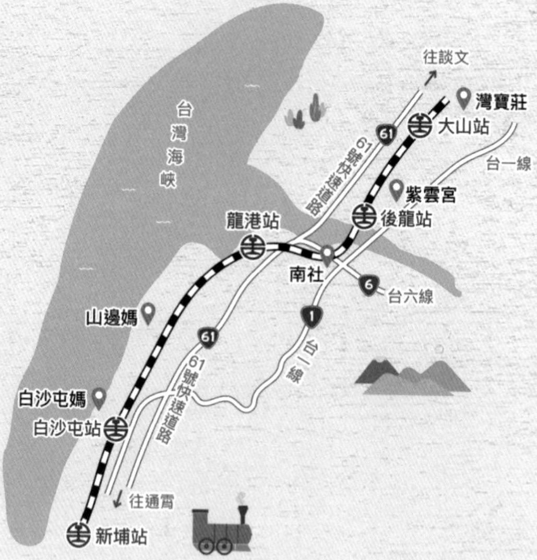

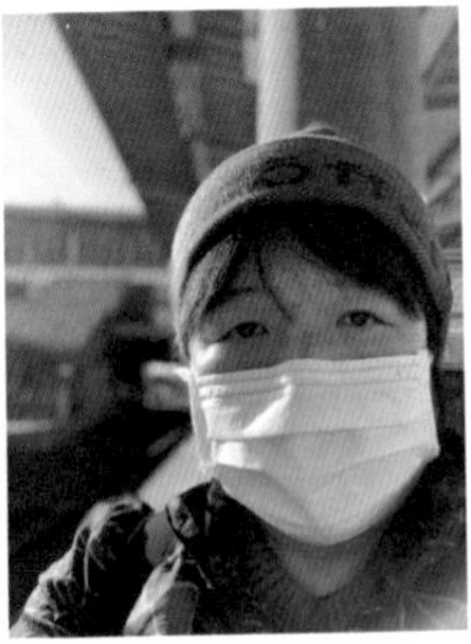

在竹南站換車

2021.01.03

二〇二一年第一個週日，我摸黑早起，特意帶著《黏土：灣寶，一段人與土地的歷史》上電聯車，想在往大山路上，複習這個拒絕兩次土地徵收村莊的歷史。

我承認上回走過現場時的無知，回台北看完胡慕情大作，急著再走一回。我還想回大山站，親自問值班人員，兩年前遭酒駕男子撞毀的百年候車室，還要整修多久。

「差不多了，預定春節後開放，歡迎妳再回來玩」，當我聽到站長親切回應，終於放下上回目睹維修工地後，一直懸在心裡的石頭。一九二二年通車的海線鐵路前後十八站，有五座車站——談文、大山、新埔、日南與追分，因完好保留木造站體，近年被稱作「海線五寶」，成爲小村的重要文化財。

出車站走進灣寶，全村靜悄悄。只見信仰中心**龍雲宮**旁，有位頭戴毛帽、身穿豔橘色背心的農民，在冬陽下巡視收成過的田地。真想魯莽上前問候，說不定正是《黏土》書中生動刻畫的某位抗爭核心人物。

沿產業道路向南，經過一片已收成的地瓜田，撞見數名年長婦女，彎腰撿拾剩下的果實，宛如米勒名作「拾穗」。其中一位見我走過，大聲招呼我加入，「地主同意的喔，不用客氣！不要小看這些地瓜賣相不佳，肉又鬆又甜又好吃。」我撿起一小粒，阿姨卻換了個大塊頭給我，盛情難卻，只好放進背包上路。

入**後龍**市區，我放慢腳步，刻意繞道傳統市場，配合知名的阿水飯店用餐時間，這是從埔心陪走到桃園新竹交界的邱瑞祥學長大力推薦的愛店，看診之餘，他常開車載家人從楊梅專程過來。未料，十一點一開門就滿座，我因逛市場晚十分鐘報到，當場傻眼。只能接受店員建議放棄候位，客人才陸續入座，連菜都還沒點……

離餐廳不遠的紫雲宮廟口，有條人龍迤邐而來。方才的經驗告訴我先卡位再說；站定才發覺，起點是個有三名白髮員工的肉圓攤。雖然只賣肉圓和豆腐貢丸湯，因外帶客人總是買很多份，前進速度緩慢。

我開始把玩手機，才知自己有幸排到地方限量美食。不一會兒，領頭的員工走近，逐一加總排隊客人要買的肉丸數，最後明白指著排在我後方第三位男士，「到他就賣完，不用排了」。

好不容易輪到我，端著肉丸和已經沒有豆腐的貢丸湯，與另一組客人併桌享用。可惜我因偷聽穿著打扮很都會的阿伯，不斷對女伴碎念「鄉下地方搞什麼飢餓行銷」的話題，忘記食物的滋味。

沿台一線過後龍溪，被一班南下通勤電車從右手邊的鐵道橋追過瞬間，不是鐵道迷也覺得熱血，趕緊拍照（鐵道迷的標準動作應是算準時間、架好腳架等候）。右轉和海線鐵路並行的台六線，看見一個寫著「南社，道卡斯族」的醒目石碑。三百多年前，這一帶是原住民傳統領域「**新港社**」，住著被清國稱作熟番，日本學者伊能嘉矩命名爲**道卡斯**（Taokas），屬平埔族

上：龍雲宮｜下：地瓜田

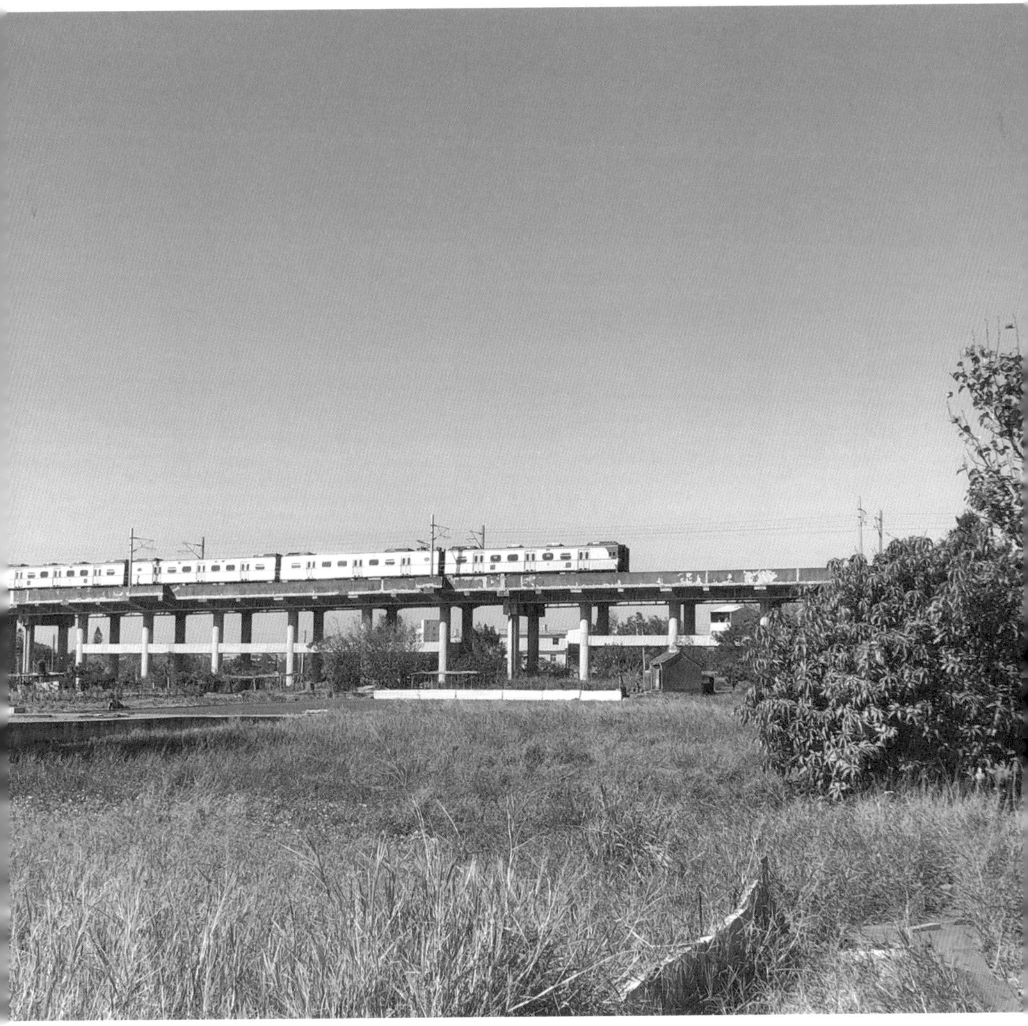

| 即將抵達後龍站的通勤電車

一支的平地原住民。因高度漢化，甚至在道光年間以漢詩留下「漢人又來把我欺，來到新港創業基，不同漢俗不同域」的悲鳴。

遠在花蓮工作的高中同學，因臉書得知我行腳到她從小生長的漁村，特來留言致意。我趕緊回問，有沒有聽過村子裡的長輩說道卡斯語，「我們是比他們晚來的閩南人。記得爸爸說他念小學時，有同學的阿公還會說」，友人努力回想，幫我拼湊道卡斯族的百年血淚。

沿鐵路南下，龍港下一站是白沙屯，而大名鼎鼎的拱天宮在車站北方。可一離開龍港站，出現的卻是「**山邊媽祖宮**」的三角旗，指引我走到一間大鐵皮屋前，除見滿屋信徒，廟埕前還掛著「蔡英文總統蒞臨參香祈福」的紅布條。

原來，這裡是臨時廟。山邊庄一帶不知從何時起，居民以值年爐主的形式供奉媽祖，也就是每年擲筊決定爐主，由信眾輪流供奉。然而，近年因人口外移，輪值負擔加重，開始出現蓋廟呼聲，已自二〇一三年安座。

上：山邊媽祖宮｜下：拱天宮

坐在搭有棚架的廟埕前，我邊補充水分，邊瀏覽寺廟沿革。碑文文謅謅，讀來不順暢，我順手google，發現山邊媽與不遠的白沙屯媽是不折不扣的好姊妹，每年春天，兩媽結伴「共乘」鑾轎，遠赴兩百公里外的北港朝天宮進香，回程直到通霄秋茂園，才在各自信眾簇擁下，分頭乘鑾轎回家。

感謝山邊媽解我乾渴，我沿著濱海小徑，一鼓作氣走向**拱天宮**，沿途白浪滔天，宛如朝聖之旅。持續這樣的氛圍，我繼續向南，經**通霄鹽山**，來到海線五寶之新埔站時，六百CC的水壺又見底了，車站前沒有自動販賣機，附近也沒有柑仔店，但我不想一路渴回台北，便問站務員，最近的商店有多遠。

「大約有五~六百公尺」，站務員看一眼我的空水壺，「你要北上嗎？再十分鐘列車就要進站。我幫你加水好嗎？」

握著裝滿溫水的水壺，刷卡走進月台候車。我覺得站務員跟飾演鐵道員的高倉健一樣帥。

｜通宵鹽山、新埔站

第 8 回

泥塑與彩繪交織的台味景點

苗栗新埔－台中大甲

秋茂園 · 通宵神社 · 日俄戰爭紀念碑 · 慈雲遊樂園

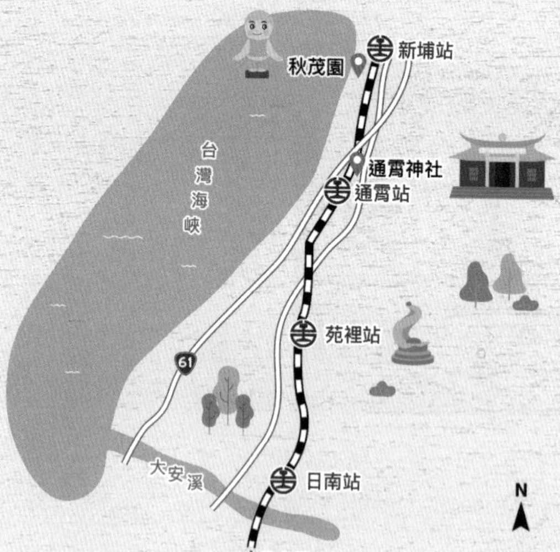

2021.01.10

徒步以來，由於遵循「日出而走，日落而息」原則，使得能插花參加的朋友，各個都是早起的「鳥兒」。

今日伴走的碧月亦不例外。過去以爲媒體人作息日夜顚倒，直到數年前成爲她主編的蘋果日報專欄作者，發覺主編總是一早回覆稿件，才驚覺自己的刻板印象。

兩人走出背著冬陽升起的新埔站，循秋茂園指示牌前進。

「小時候聽到的故事是，創始人因兒時偷摘水果被抓，發願要蓋一座供人免費遊賞的花園。想不到出發前幾天，卻在網路搜出一堆鬼裡鬼氣的傳說」。我話匣子還沒開，已經走到**秋茂園**。入口辦公室並列兩塊招牌，左側的「秋茂園管理處」順理成章，另一側卻是「友愛靈園管理處」！

這又怎麼回事？正門上方一雙仙女塑像不語，透出詭異笑容。我只好請出谷歌大神，才知友愛靈園就在鐵道對面丘陵上，和秋茂園隸屬相同的私人慈善基金會，立案人正是先後開闢台南與通霄兩園區的黃秋茂先生。

秋茂園｜

然而，光天化日走過滿是水泥塑像、卻無任何遊客的花園，還是有種說不出的淒涼。

沿海堤、穿鐵道，我們循著越來越近的樂聲，一路爬上通霄鎮北郊的虎頭山，才發現有位著漢服的中年人，正在**神社**拜殿前彈古箏。參道兩旁雖有新舊不一的日式石燈籠，盡頭的建物已整修成閩南式燕翹脊屋頂，「和漢折衷」的氛圍，令人印象深刻。

不過，神社只在半山腰，山頂還有一座**日俄戰爭紀念碑**。戰場遠在遼東半島，台灣西部小鎮爲何要建碑紀念？根據解說碑文，一九〇五年五月，駐紮虎頭山頂的日本通信兵，率先發現千里馳援的波羅的海艦隊通過台灣海峽。日軍因及早通報制敵機先，大敗俄軍。但文史工作者 Tony 黃育志認爲，長征七個月的艦隊通過海峽後，曾在中國上海進行補給，不免暴露行蹤，稍後又爲日艦「信濃丸」鎖定，並迅速集結軍力於對馬海峽發動海戰，

｜日俄戰爭紀念碑

才是致勝關鍵。虎頭山監視哨的貢獻，絕不如碑文所言，應當是總督府藉著蓋紀念碑，強調台灣戰略地位，激發愛國意識，套句流行語，就是在搞大內宣。

雖然只是登上海拔九十三公尺的山頭，卻徹底激發我們的飢餓意識。兩人回到鎮上，隨意走進一家小店，發現招牌赤肉系列，無論做成肉羹、肉圓內餡、甚至清湯佐芹菜，都意外地好吃。碧月見我意猶未盡，搜尋腦中報導海線產業留下的記憶，熱情推薦沿線值得品嚐的吃食，並預告下回造訪的清水，是筒仔米糕的一級戰區。

一過南勢溪，就離開通霄小小的鬧區。回歸台一線，才發現忘記補充飲水。長年生活在台北，總以爲便利商店就在下個轉角，想不到走了快四公里，才見到熟悉招牌。

「現在流行複合店，小七不再是小七。除了賣咖啡，又賣藥

碧月玩抽抽樂

7-11 複合店

妝又賣書，就爲了提高營收。」兩個貪圖陰涼休息的旅人，邊聊邊把玩店裡專櫃陳列的商品。

「聽說店蓋越大生意越好」，我提起兩個月前經過的湖口廠門市，根本顛覆我對便利商店小巧的刻板印象。

「那家是最有名的 Big 7，這家規模還不到」，碧月補充，「不管是日本還是台灣，便利商店都面臨成長瓶頸。」

便利商店附近有間寺廟頗具規模，過門不入對神明不禮貌，決定穿過馬路走進寫著慈雲寺的大牌樓參拜，相對小巧的正殿主祀觀音菩薩，雖然觀音是佛教神祇，空間運用卻充滿民間信仰元素。

慈雲寺有座很大的花園，裡頭還有社區活動中心。花園裡有臨水的觀音、彌勒佛，最大特點是一排目測有四~五十公尺長的西遊記造型彩色水泥塑像，一九九八年設立時以「**慈雲遊樂園**」

慈雲遊樂園

爲名。我們認眞逛了一圈，但覺有趣的卻是塑像對面擺攤的抽抽樂，碧月用木槌一敲，迸出一支小小的絨毛玩具。

繼續便利店話題，不知不覺通過苑裡鎮，跨入台中大甲。省道旁不是芋頭田就是工廠及倉庫，想不到全世界營收最高的自行車巨大集團總部，也委身其中。路上除了自用車呼嘯而過，還有三三兩兩騎著電動自行車的移工，大約隔兩公里，就會經過一家便利店。

「搞不好，這一帶有『兩公里展店方針』」，碧月隨口推測。

「應該是」，我不疑有他。

「騙你的」，碧月笑道，「日本 7-11 早期展店，會以縣爲單位，建構綿密的店鋪網。譬如說，若總部選定苗栗，門市沒開好開滿，即便一街之隔，也不會插旗台中。」

經營學幼幼班程度的我提問，「那台中的地盤豈不是拱手讓給其他連鎖系列？」

「不會，晚進駐地區的策略是明確做出差異化，一樣能吸引顧客上門，這可是日本 7-11 教父鈴木敏文說的。不過，他最近退出集團了。」

果然是財經記者。儘管似懂非懂，我想起自己被便利店滲透的日常生活，就連徒步環島，也靠便利店一路補給——原來，你我早已是芥川賞作家村田沙耶香筆下的「便利店人間」。

第9回

巧遇郁永河

台中大甲－清水

日南車站 · 大安溪 · 鎮瀾宮 · 清水車站 · 清水國小 · 高美濕地

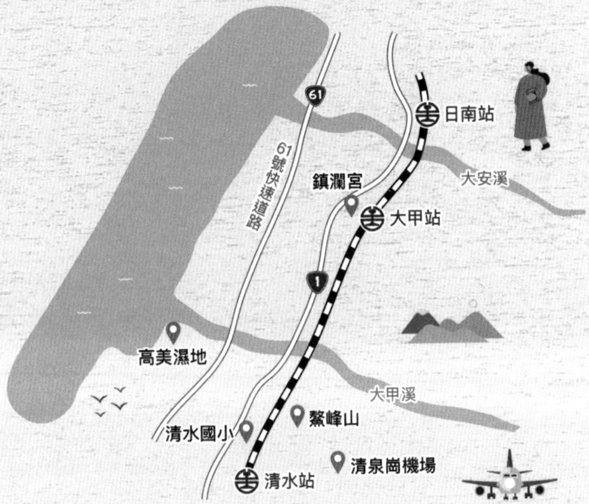

2021.01.31

日南站

年味漸濃的週日清晨，我搭上通勤電車，和新竹上車的妹妹會合。

妹妹棄法從商，疫情前過了十多年繞著地球跑的緊張生活，想不到此時竟能和我並肩坐在區間電車的長條座椅，看著對側車窗發呆。隨口問她，記不記得有回去圓山動物園，也是搭乘客對看的公車，她突然對全車發表「我爸爸在掃鴨糞」的往事。

家父退休前，在大學從事「家禽營養」研究。爲了評估實驗動物吃他「特調」飼料的生長狀態，訂立一套檢驗程序，包括蒐集動物排遺分析消化狀況。然在不解事的孩子眼裡，只記得每次去探班，剛留學歸國的爸爸，總是在實驗農場掃鴨糞。

所幸滿滿的回憶，都化成父親失智後的生活支柱。姊妹聊著，不知不覺來到**日南站**，和當地友人趙文聖醫師會合。

久未見面的學長，在台北一完成專科醫師訓練，就回到家鄉，守護海線居民精神健康。這回爲了徒步，他做足各種功課，包括鍛鍊體力。一出發便以敏捷的身手，跨上**大安溪橋**。

「當年是這條溪氾濫，阻擋了郁永河快兩個星期的行程？」殿後的我向學長發問。《裨海紀遊》是第一本詳盡的中文台灣遊記，記載康熙三十六年（一六九七）春夏間，**郁永河**奉命從福州來台採硫的經歷。出發前，碰巧在網路看到一張郁永河從府城一路北上的路線圖，我不禁驚呼：除了方向相反，過去幾個月的路徑，竟然和他重疊……

「應該再往南，是分隔清水和大甲的大甲溪。」經學長提醒，我才猛然想起，當年郁永河滯留的是牛罵社（今清水），不是大甲，且兩溪下游相距不到七公里。

一下橋，省道兩側芋頭田間的透天厝越來越密，最後連成一氣；道路也被攤販恣意占據，形成臨時年貨大街，爲了安全通過

鎮瀾宮

海線列車通過鰲峰山下

摩肩接踵的人群，我們仨戴上口罩，奮力向前。

「這樣才有年味！」妹妹一馬當先，指著不遠處寺廟問：「那兒就是**鎮瀾宮**？」

沒錯，前方正是大甲媽繞境起點，台灣「三月痟媽祖」中心，近年已成爲 Discovery 頻道口中的「世界三大宗教盛事」。可身爲雲林女兒，我的童年記憶只有北港媽。

「你應該知道大甲媽早年繞境的折返點是朝天宮，近年才改爲新港奉天宮」，學長和我坐在廟埕的戲台下閒聊，望向對側的藻礁公投連署攤位，等候入廟參拜的妹妹。

「聽說了，就算鎮瀾宮聲勢後來居上，北港媽才是我心靈原鄉」，雲林女兒明確表態。

離開廟口，右轉蔣公路，我又自曝年少輕狂，曾誤把紀念鄭成功麾下蔣毅庵將軍屯墾大甲的路名，視爲黨國遺毒。野百合學運出身的學長不置一詞，一心引導我們前往上回同行的碧月力推的「阿吉米糕」。

「有雷嗎？」看學長遲疑的臉色，我忍不住發問。

「不會啦，但下午一定要帶你們去清水吃阿財米糕」，學長面露微笑。

阿吉不失所望，均勻攪拌過米糕與底層肉燥，幾乎不需醬料。三人飢腸轆轆，除了米糕，胡亂叫了黑白切與肉羹湯，還是海線風格不含魚漿的赤肉羹。

跟隨學長腳步，來到鎮南水尾橋，「過去就是郊外。你們一路向南，我想辦法回日南拿車，再到清水會合，去高美濕地轉轉」。高美在清水北側海濱，如果沒有在地友人溫馨接送，我得繞鄉道，多走個十公里。

不同於三百多年前遇上颱風的郁永河，妹妹和我只花了二十

清水國小｜

清水車站｜

分，就渡過大甲溪。公路左側如屏風的山巒，應該就是郁永河滯留期間爬過的鰲峰山，他以爲後山就有生番，未料辛苦登頂後被蛇嚇到，草草下山。

三百年後，山的另一邊早就沒有番人，只有飛機轟隆隆起降的清泉崗機場。我們也穿過大半清水市街，和開車前來的學長會合，他建議先逛市區再開車去高美。首站是市區邊陲的**清水車站**，站體是鋼筋水泥材質，外牆貼溝紋面磚，歲月淘洗出既現代又古典的素樸美感。學長補充，車站是一九三五年中部大地震後改建的，第一代則是黑瓦的木造建築。

「爲什麼清水車站不像海線其他車站設在鬧區？」根據海線一路走來的觀察，我隨口發問。

「聽說是海線鐵路修築時，當地居民擔心破壞風水，只能選郊外設站。」

「又是風水，跟麻豆一樣的理由。後代一定悔不當初」，走回位於鬧區的**清水國小**，我們邊走邊聊。

假日校園靜悄悄，且爲了防疫，限縮訪客活動範圍，只能從校園與川堂，一窺已成爲古蹟的校舍建築之美。校園內有座一九九七年豎立的創校百年紀念碑，曹興誠先生等多位社會賢達，名列校慶籌備委員會。但我以爲該校最知名的校友，應該是不在名單上的證嚴上人。

從**高美**回到市區，我以爲學長會直接送我們到清水車站搭車北返，未料他方向盤一轉，「去嚐嚐阿財米糕，不然不算來過清水！」

第10回

從台中進入到彰化

台中清水－彰化和美

鰲峰山 · 牛罵頭遺址文化園區

· 富美宮 · 三井摩天輪 · 台中港 · 中彰大橋 · 和美默園

2021.02.06

爲了節省交通時間多走路，我開始搭乘高鐵，由台中站轉乘環海線公車到清水。

高鐵站發車的93號環海線，沿大肚台地西緣行駛到大甲，是巡禮大肚王國的最佳交通工具。我特意坐上後座，左顧右盼，任想像力恣意奔馳。

四百多年前，烏溪（大肚溪）流域有一個富庶的跨族群聯盟，也就是傳說中的「**大肚王國**」。對照荷蘭人記載，勢力曾及今天的台中、彰化與南投（部分），直到一六四五年，「大肚王」才向東印度公司臣服，比南方的「瑯嶠領主」還晚，而後者正是近來頗夯的「**斯卡羅王國**」。

因後繼的鄭氏政權多次討伐，尤其是一六七〇年慘烈的「沙轆社之役」，大肚王國快速式微，於十八世紀初宣告瓦解。因此，三百年後的公車巡禮，只剩下營埔里、鹿寮、鹿峰等發人思古幽情的站名。

一下車，瞬間由牛罵頭穿越回清水。我臨時起意，跨上路旁的YouBike，到**鰲峰山**轉一圈。

牛罵頭遺址文化園區｜

從公車站到紫雲巖間都是平坦街道，由於上回的阿財米糕口齒留香，我回家認眞爬文，發現清水眞是人人都有心頭好的米糕城。說時遲那時快，王塔米糕突然出現在眼前，我連忙停車，點一份米糕嚐鮮。

紫雲巖一過，大街路變成觀音巷，道路曲折陡升。騎著只有三檔變速的 YouBike，需要強勁腿力，我只能用力喘氣，時走時騎。好不容易瞄見路邊「陸軍營地」的石椿，以爲轉個彎就是神社與營區遺址，想不到又經過一大片相思樹環繞的空地，取名大肚王國部落廣場，才找到「**牛罵頭遺址文化園區**」入口。

操場迎面而來，視野中央的司令台兩側，放置一對狛犬，後方有一群低矮房舍，外牆特地留下番號，展現軍事風格，內部卻陳列著這一帶挖掘的繩紋陶，還有距今四

| 牛罵頭遺址文化園區

千五百至三千五百年前的新石器時代農漁獵用具……簡言之，就是一個集考古現場、日殖晚期神社遺跡、還有冷戰期間軍事設施的多重展示空間。但我卻深深記得，踩過層層落葉，站上宛如小丘的舊地下碉堡，感受冬陽穿過火紅楓樹的溫度。

順著公路滑下山，我在清水車站前歸還自行車，回歸徒步正途，第一個目標是海邊購物中心的附設摩天輪。

身爲摩天輪控，我爲了享受車廂內遠望的樂趣不惜繞路。清水往台中港路上，開滿黃色油菜花的休耕田地，還夾雜不少透天厝與大樓興建工地。讓我想起天下雜誌報導，以清水爲中心，向外輻射至梧棲、沙鹿一帶，近來成爲港人移居首選。主因包括離機場近，且房價又不及桃園、林口一半，對於時常往返台港，又得到台北辦事的人

三井摩天輪

富美宮

來說，確實有吸引力。

然我一路走來，不僅沒遇到香港人，連在街上行走的人都屈指可數，包括已是上市公司的新天地海鮮創始店門口。看看手錶，原來還沒開始營業。

從氣派的門口望去，斜對街有間宮廟，我被「**富美宮**」三個大字嚇得目瞪口呆：「母親生前只是個國中老師，怎麼梧棲海邊有座以她爲名的宮廟？」

當我急忙過街、登上主殿，不禁啞然失笑。這是座主祀蕭府千歲的老廟，因從晉江縣后武尾富美宮祖廟恭迎香火而得名。無論如何，雙手合十，靜靜爲母親祈求冥福。

穿過台17線，進入台中港區，先經過客運因疫情停擺，宛如蚊子館的旅客服務中心，才會抵達三井 outlet，也終於出現人氣。不過，人們爲躲避強勁的東北季風，都在賣場裡，只有我登上樓頂空蕩蕩的**摩天輪**，享受遼闊的港邊地景，一時間，誤以為橫濱怎麼變得如此淒涼。

為了過烏溪，必須重回省道。清水以南，高架的61快速道路西側多了「海景第一排」的台17線。台中港附近盡是呼嘯而過的貨櫃車，路旁除了廠房、倉庫外，還有汙染的大排水溝，以及從空地冷不防衝出的野狗，散步興味全無，一心只想快速通過。

下**中彰大橋**，進入彰化伸港，眼前是一畦畦晾著已經採收洋蔥的旱田。見天色變暗，是決定今日終點的時候。掂掂目前腳力，要走到和美鎮中心，恐怕摸黑太久，那就走到北郊的「**默園**」，再就近找公車回市區。

立春已過，日頭卻比我預期更快西沉，天地霎時拉上黑幕。如果沒有google導航，很難想像自己能堅持穿過望不到頭的田野，去拜訪一幢一度成為社會事件邪教根據地的老洋樓。

上：台 17 線台中港區路段旁有異味的大排 ｜ 下：台中港區

塗厝里等末班公車的移工

和美默園

其實，這片莊園大有來頭，是一九二〇年代台灣文化協會重要成員，詩人陳虛谷（一八九六—一九六五）故居。陳虛谷的孫女陳巧明，曾將氣派的老宅，作爲自己主持的靈修團體日月明功聚會所，直到二〇一三年，因黃姓信徒的兒子，遭集體凌虐致死，事件爆發後輿論譁然，老屋也人去樓空。

終於走進默園所在的塗厝里，舉目四望，只有一名外籍移工，蹲在唯一的公車站牌下等車。我上前查看時刻表，發現再過半小時，末班車就要通過，趕緊跑向默園門外張望。未料撞見兩個年輕人，從老宅走出來。

我冒昧上前詢問，能否入內參觀。年輕人面有難色，直說自己不能作主，只是春節前夕受託前來打掃。我不好爲難他們，目送兩人開車離去後，猛然想起末班車，連忙小跑步回車站，看見移工仍老神在在地滑手機，才覺操勞一天的雙腿，已經不聽使喚。

第11回

漫遊鹿港今昔

彰化和美－彰濱工業區

和美默園 · 道東書院 · 天后宮 · 龍山寺 · 玻璃媽祖廟

2021.02.05

和美默園

四名熟女在台鐵新烏日站月台興奮自拍，其中有個像是帶頭的，不時豎起耳朵聆聽車站廣播，生怕錯過進站列車。

我就是那名緊張的「領隊」，將與三位互不相識的成員，從彰化和美經鹿港，一路走到彰濱工業區。

一夥人隨我來到上回終點，和美鎮北郊的**默園**。光天化日，與月黑風高時陰森荒涼的印象截然不同，我才想起二〇一七年五月，還有一群人在洋樓前的草地開趴！那是第八屆賴和音樂節，眾人借用台灣新文學之父賴和（一八九四—一九四三）摯友，也是莊園第二代主人陳虛谷故居，高唱賴的名詩〈自由花〉。

相對於賴和文學近年的「再發現」，曾經創作數百首新舊詩與四篇小說的默園主人，幾乎沒有任何網路聲量，只能找到當年家人刻在詩人墓碑的作品〈偶成〉。

「春來人歡樂，春去人寂寞，來去無人知，但見花開落。」

道東書院｜

好個來去無人知，想必充分體現曾與賴和同爲時代風尖浪頭的陳虛谷，五十五歲中風後在莊園休養的晚年心情。

沿縣道走進和美鎮中心，經過清朝咸豐年間創辦的**道東書院**，本想入內參觀，未料門口貼著一紙關閉公告！

「書院歸鎮公所管，年初四還在放假啦」，同行的日文班同學玲鳳，連忙上前詳讀公告。妹妹和我心有不甘，一個爬到高處、一個試著將手伸進書院的紅磚牆鏤空處，以手機取景拍照；只有首次見面的臉友蘇瑞珍醫師，悠閒地在一旁樟樹蔭下喝水休息。

四個人頂著暖和的陽光，沿和美直通鹿港的鹿和路前進。立春已過，兩旁水田還沒插秧，路上車輛滿是灰塵，連貫穿平原的水圳也乾涸見底……來自天龍國的我們一陣默然，無法想像旱象何時能解。

路旁開始出現建案，提醒我**鹿港**將至，舉目竟見施工中的透天厝號稱捷運宅，六分鐘走路到車站。「真的假的？」妹妹露出狐疑的眼光。

「應該是前瞻基礎建設計畫畫的大餅吧」，話才出口，腦子隨即閃過另一個念頭，「其實，一百年前來鹿港拜拜，可以搭火車喔！」

「What？」三個人同時瞪著我。

我想起一九二〇年來台旅行的日本文豪佐藤春夫（一八九二—一九六四），就從台中搭縱貫線到彰化，再轉有軌的人力輕便車到鹿港，登門拜訪堅持不剪辮子、不學日語的文人洪棄生（一八六六—一九二八），吃了根軟釘子，最後只見到他的兒子洪炎秋（一八九九—一九八〇）。

「是以前的國語日報社社長嗎？」蘇醫師的人腦資料庫檢索

超快。「沒錯。還有，他爸爸的文章，現在也變成高中國文課本的文言文教材」，我繼續補充，「但他最後還是被日本警察抓去剪辮子，痛心疾首寫下一首首斷髮詩。」

「這麼嚴重啊」，蘇醫師不禁感嘆。

「是啊，洪棄生被剪掉辮子後，不修不理，稱自己的怪異髮型是『不歐不亞亦不倭』。」對他悲憤的遺民心態，我實在很難同理，因爲他連自己兒子偷偷到日本念中學，都硬要抓他回來，直到洪炎秋二十五歲，才准他去北京大學念書。

「想不到有這種怪阿伯。我還以爲，只有髮禁時代愛漂亮的女學生會搞怪」，正當我心裡偷笑，在說你自己嗎，妹妹話鋒一轉，「不過，我還是比較希望，當年彰化到鹿港的鐵道不要拆，今天就不用走這麼遠的路」，玲鳳一聽，立刻點頭附和。

按照預先規劃的行程，我們將先參拜**天后宮**，步行經過城隍廟與九曲

上：天后宮｜下：龍山寺

巷，再到龍山寺。實情則是，人潮越靠近媽祖廟越洶湧，最後放棄入內參拜；至於九曲巷某些路段，根本無法立足。在毫無社交距離的狀況下，就算戴緊口罩，徒步起來心也毛毛的，深怕幾天後收到中央疫情指揮中心的細胞簡訊警告……

改走相對寬敞的中山路，這是一九三三年市區改正後留下的產物。之前，鹿港幾條主要街道被稱作「不見天街」，以現在的中山路最知名，短短一公里，就有四百棟傳統街屋，洪棄生坐落在鹿港派出所斜對面的老家，亦在其中。

「後來被拆了？」妹妹望向街道兩側新建的房子。

「沒錯，因爲沒列入保護區。地方文史工作者看到洪氏後人賣屋，卻湊不夠錢買，眼睜睜看著它在二〇一四年被拆掉」，我沒做足功課，無法精確指出洪家的位置，只能期盼「彰化縣文化局可以在改建的新屋門口，放一個雅致的石碑，紀念洪氏父子。」

「對啊，就連京都，街上也有不少『○○跡』的石碑」，鈴鳳附和我的看法。

中山路右轉三民路，就來到台灣最古老的**龍山寺**——典雅的伽藍，參天的古木，一直是我最欣賞的台灣寺廟。站在主殿前，我雙手合十，向主祀的觀音菩薩報告徒步台灣的行程，懇請祂予以庇佑。

「我們得啟動 Plan B，搭客運到彰濱工業區，因為時間不夠了」，身為領隊，一離開龍山寺，我便拿出預先抄錄客運時刻表的小本子，指揮大家往鹿港國中斜對面前進，順道欣賞鹿港神社遺留在校門口的狛犬。

想不到，站牌下方貼著告示：春節期間公車因應參拜人潮改道，一時方寸大亂。趕緊詢問附近商家，再連跑帶走前往將近一公里外的臨時站牌，目送預定搭乘的班車離去。

「叫車吧」，最鎮定的蘇醫師建議，「只有這樣，才能保證趕上六點發車，最末一班從**彰濱工業區**往台中高鐵站的公車」。

玲鳳立刻掏出手機，Uber 沒空理我們；我也打開久未使用的台灣大車隊 App，等了半晌，終於有運將回應我們的召喚。

坐上小黃，我又領隊魂上身，開始向隊員解說：「待會兒要參觀的是**玻璃博物館**與**媽祖廟**。根據資料，這座由企業打造、全球唯一的玻璃媽祖廟，一共用了七萬片玻璃，歷時五年才完成，以光影與夜景出名，每到傍晚，廟埕聚滿卡位的攝影玩家。」

我意猶未盡，計程車已抵達五公里外的目的地。下車瞬間，突然信心動搖，爲何要徒步環島？

媽祖無語，只是慈悲看護著折騰一整天的疲累旅人。

｜玻璃媽祖廟

第12回

菊花夜行軍

彰化鹿港－雲林西螺

龍山寺 · 文開書院 · 員林大排
· 埔鹽 · 福安宮 · 溪湖糖廠 · 彰化花博 · 西螺大橋

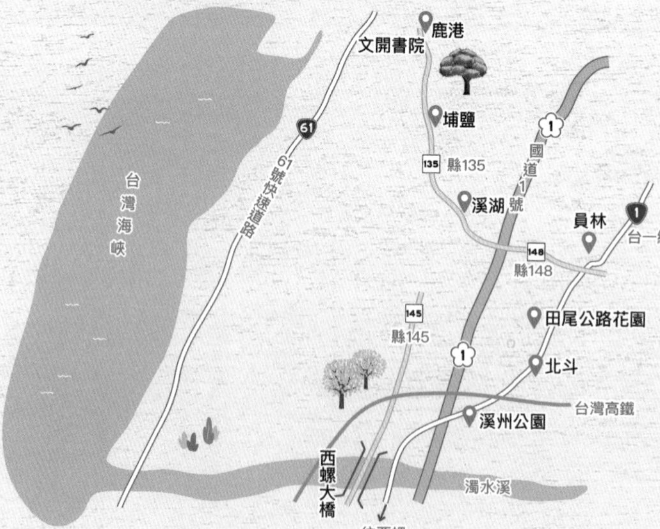

2021.02.28-03.01

「我在鹿港龍山寺入口右手邊的榕樹下等著。」當我收到臉友胡麗凌簡訊時，客運才離開台中高鐵站。

「天啊，她得幾點出門？」同行的邱錦榮教授聽我轉述，露出驚訝的表情。

邱教授是我大一英文老師。畢業後進入台大精神科，才知她是科內與醫界十分敬重的李宇宙醫師夫人。李醫師離世後，邱老師仍照拂大家，聽聞我正徒步環島，特來相伴。

由於往返時間越來越長，我決定週六出發，在田尾住一晚，連走兩天「值回票價」。這回邱老師全程捨命陪君子，世居溪湖的麗凌是鹿港至溪湖的地陪；至於參加過一回的蘇瑞珍醫師，則是隔天一早歸隊，三人沿台一線南行，再轉縣道過西螺大橋，進入雲林縣。

當我們下車後熟門熟路地走近**龍山寺**，廣場右側果有一位中年女子起身相迎。

「家人沒阻擋你跟沒見過面的網友碰頭？」

「當然有！爸媽很擔心，一度交代姊姊開車跟蹤」，說著說著，年紀與我相仿，甫從金融業退休的麗凌笑了出來，我們仨也走到一字排開的**文祠**、**武廟**與**文開書院**。

三座古蹟源自清朝中葉。最晚成立的書院，是時任北路理番同知的鄧傳安向民間集資設立的學校（一八二八），爲文風鼎盛的鹿港培育了六位進士、十七名舉人與六十多名秀才。一八九五年，台灣依馬關條約割讓予日本。同年五月下旬，北白川宮能久親王（一八四七－一八九五）率近衛師團自澳底登陸，一路南下，曾駐紮文開書院。親王薨逝後，這裡還列爲「御遺跡」。戰後一度荒廢，直到一九八五年才漸次修復。

穿過員林大排，我們沿員鹿路，進入濁水溪沖積平原區。員林大排屬「**八堡圳**」，是清朝最初擘畫、日本與中華民國政府接續興建，引濁水溪水灌溉的水利系統，也是濁水溪流域成爲台灣重要穀倉的命脈。

上：員林大排｜下：文開書院

上：春耕｜下：田尾的菊花圃

福安宮廟前的當歸鴨與乾拌麵

看到應景的插秧機來回水田，我興奮地拿起手機錄影。邊走邊玩，不知不覺通過埔鹽鄉界，眼前一片綠野，很難想像三百多年前，先民因爲土地鹽化，看到大地一片白茫茫而命名「**埔鹽**」的場景。途中還遇到一株美麗的老榕樹，殊不知後來竟因樹冠造型如安全帽而爆紅。當我看到網路瘋傳「安全帽樹」的圖文時，覺得地點頗眼熟，拿出徒步當時拍下的照片比對，確認周邊地景無誤，不過當時樹冠一點兒也不像「安全帽」。

隨著路旁房舍越來越密集，**溪湖**已在眼前，邱老師因過敏體質，必須懇辭麗凌建議的羊肉爐大餐，我請她另外推薦吃食，於是吃了在地人從小吃到大的**福安宮**廟前當歸鴨。

二百多年前，福安宮開始供奉自鹿港天后宮分靈的媽祖，庇佑當地居民。對於位在舊濁水溪畔，因有溪有湖得名的溪湖居民來說，長年面對颱風來襲，溪水一旦改道就會沖毀村莊的威脅，

龍山寺藻井下

溪洲公園前

不難想見媽祖帶來的撫慰。話說行蹤飄忽的濁水溪，曾經北漂自鹿港出海，一八九八年戊戌大水後，又回到鄰近溪湖的舊河道（東螺溪），不久又南漂至現今河道，要到一九一六年開始築堤才固定下來。

穿越熱鬧的市中心，麗凌與我們來到溪湖糖廠，三人不免俗停下來吃完糖廠冰棒再分手。依循西北往東南的步行方向，我與邱老師跨過中山高，開始看見田尾鄉一畦畦懸著燈泡的花田，以及散布其間的溫室與雞舍。

夕陽西下，我睜睜望著花田包圍的民宿窗外，不解爲何遲不點燈。

「九點才會點燈，直到深夜兩點。這樣才會讓菊花以爲多了一天（日照），提早開花」。經老闆娘解釋，我豁然開朗，趕緊沐浴並外出覓食，等待黑暗中的「**菊花夜行軍**」。

溪洲公園

《菊花夜行軍》是林生祥在交工樂隊時代發行（二〇〇一），堪稱台灣音樂史的傳奇專輯。同名曲講述農村青年阿成在都市打拼不成，回到故鄉美濃種菊花。夜裡，他打亮田裡的燈火，想起以前夜行軍的晚點名，於是把自己當成指揮官，對著菊花點起名……

沒有演唱會的磅礡激昂，四下無聲，只有我和邱老師踏著民宿提供的自行車，聊起中年的歌手與明天的行程。遠方車輛川流不息的高速公路，猶如銀河。

翌日，蘇醫師在晨霧未散時加入徒步。沿台一線，我們經過肉丸攤仍在酣睡的北斗鎮，再走進年味猶存的溪州公園參觀**彰化花博**，隨著展場代表世界各國的花卉造景「偽出國」，環遊世界。

循著高鐵高架路線下的道路行走，穿越無盡的甘蔗田，接上縣道145。兩側種植的黃花風鈴木綿延近一公里，時值花開時節，

上：縣道 145 的黃花風鈴木 ｜下：西螺大橋

天空一片亮晃晃，綿延到西螺大橋邊。

終於踏上**西螺大橋**。季季老師在《火龍向黃昏——憶寫西螺大橋五十年》文中描述，「幼時它穿著粉嫩的綠衣，中年改著素樸灰衣，臨到暮年，英氣未減，換穿一襲紅衣；遠遠望去，就如一條紅色的火龍！」那我們豈不是一路冒險犯難，最後通過龍的考驗，從龍口吐出生還的三姝？一想到此，我忍不住笑了。

龍口餘生，我們走向大橋南端的西螺大橋廣場，找到只署名雲林縣長和「西螺鎮公所」的通車紀念碑。

「疑，怎麼會這樣？當時沒鎮長嗎？」蘇醫師提出疑問。

當然有鎮長。只因戰後積極奔走，促成美援到位繼續搭橋的官派鎮長李應鏜，一九五三年一月通車時已經卸任，不肯在碑文內具名；民選的新鎮長李其雄也表示功不在己，堅持不掛名，最後以西螺鎮公所代替鎮長留名碑文，成爲台灣公共建設史上獨特的紀念碑。

二〇一三年，大橋通車六十週年時重新報導這段往事，也促成李鎮長的子女群策群力，出版了一本宛如優雅大河劇的《西螺大橋：我的父親李應鏜》。

走進鎮上最繁華的延平老街，一〇四與一〇六號是觀看重點，不只是連棟的老房子，更是李鎮長當年親自打造的家屋，但產權已不在李家名下。我四處張望，行道樹也不是《西螺大橋》一書所寫的楊柳。

「楊柳當行道樹很稀罕，爲什麼？」蘇醫師打破砂鍋問到底。

我的讀書報告是，李應鏜年輕時在京都住了八年，最愛鴨川兩岸飄逸的柳樹，於是在他鎮長（一九四八—一九五一）任內，極力促成延平路兩側栽種。可惜不知爲何，現已改種槭樹。

｜福興宮

第13回

兒時外婆家的點點滴滴

雲林西螺－嘉義新港

虎尾 · 廣興國小 · 明星百貨店 · 三秀園 · 新港奉天宮

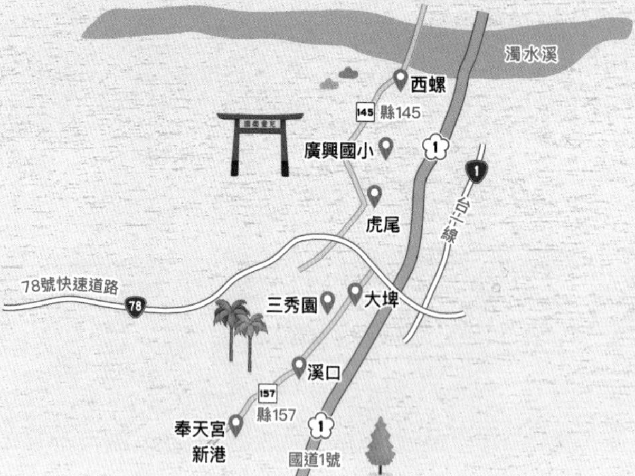

2021.03.26-27

｜日統客運西螺站

滿載的日統客運，駛進離中山高西螺交流道不遠的車站，工作人員立刻上前，按照目的地引導乘客，登上調度場內數輛引擎已經發動的小巴，向北港、麥寮、四湖等處奔去。

其餘客人則陸續被開車、騎車前來的親友接走，最後剩下妹妹與我徒步離開。

按照google map指示，我們脫離省道，走進不時有滿載蔬菜卡車經過的鄉徑，因爲全台最大的蔬菜交易市場就在附近。我刻意忽略出入車輛伴隨的噪音與柴油味，讓視線穿越路旁綿延的小葉欖仁樹，落在一望無際的綠野與藍天。

「姊，你怎麼每種蔬菜都叫得出名字？」見我對著一畦畦菜圃點名，妹妹忍不住質疑。

明明是兒時記憶湧現，我卻故意掉書袋子，說自己因爲讀詩經，而「識鳥獸草木之名」。其實一路指點的蔬菜，外婆虎尾住

廣興國小由舊鳥居改建的「兒童樂園」

家旁的菜園都種過。

這回徒步同時是返鄉之旅，預計經過我度過半個童年的**虎尾**，和仍住在故鄉的阿姨全家及小舅見面；隔天再穿越大埤鄉、進入嘉義溪口，以新港奉天宮作爲終點。

名爲廣興路的鄉道，在進入村落時向西轉彎後，沿著建校百年的廣興國小圍牆繼續向南。根據調查日治台灣各地神社遺跡的金子展也先生所言，校園內有個寫著「**兒童樂園**」的紅色牌樓，就是當年由檜木改建的混凝土鳥居，現在的遊樂場，則是已拆除的神社與參道，但問起拎著手作便當在校園內等待的年輕媽媽，卻不知有這段故事。

出發前車站旁便利商店補充的飲水即將用罄，可一路越陌度阡，根本不見人跡（除了有東南亞口音的便當媽媽），直到一座跨越嘉南大圳分支，有Q版媽祖造型裝飾的公館橋前，才在樹下

｜「柑仔店」招待飲料

看見一間簡樸的「柑仔店」。

當老闆得知，眼前這對徒步經過的中年女子在環島，堅持不收錢，還要我們各種飲料都拿一瓶，因爲「我兒子在環島路上，受到很多人照顧」。老闆的善心，讓我想起日本四國遍路的「供養」傳統，不論是路旁商家還是路過農民，都可能爲身著白衣手持金剛杖的旅人，隨手獻上食物，就連我這種不穿白衣，只是健行裝束的路人都收過。

「想不到虎尾這麼大」，跨過水圳離開西螺，我們又沿著採收中的大蒜田徒步將近一小時，才抵達鎮中心。曾在虎尾分局服務多年的外公，早年分配住進現以「雲林故事館」爲代表的日式宿舍群，也是我和妹妹記憶中虎尾的中心。

可惜外婆家那條巷子，一幢幢有前庭後院的木造平房，上世紀末就被縣府拆除賣給建商，改成住商混和的透天厝，還搭建一

明星百貨店

個小小的市場。至於外婆精心營造屋外那片動植物種類豐富且四時有序的小天堂，只存在後世夢中。

隔天一早，我黎明即起，趁學妹陳姿婷醫師前來會合前，沿著過去外婆帶我買菜的路徑，從林森路上的浸信宣道會，也是已經不存在的博愛幼稚園舊址入西市場，再轉全鎮最熱鬧的中正路，經中央市場，直到圓環折返。路上除了公股銀行，商店和我小時候都不一樣，只有「**明星百貨店**」屹立不搖，現在依舊是資生堂特約店。當年的店主夫婦是外公外婆的好朋友，所以常常將我「寄存」於此，讓小女生跟賣化妝品的姐姐玩耍，等大人採購齊全再一起回家。

我在當日尚未營業的百貨行前停留半晌，再轉福民路經過已改建多年的台西客運總站，發現附近的福榮麵包店一如往常開始營業，覺得異常安心。但想到姿婷就要從斗六的台大雲林分院前來，趕緊回旅店等候。

三人穿過舊糖廠，越虎尾溪繼續南行，一路直奔位於大埤鄉怡然村的「**三秀園**」。

「三秀園」是戰後首任鄉長張禎祥的家族產業，然莊園的開發始於清同治年間張鄉長祖父之手。約莫八十年前，張禎祥在園子裡意外發現寄生樹下的野生靈芝，令漢學底子深厚的他想起屈原的《九歌．山鬼》中有一段「采三秀兮於山間，石磊磊兮葛蔓蔓……」描述探險者深入山中尋訪「三秀」仙草的歷程，靈芝也因之雅稱「三秀」，張禎祥便正式命名祖父的園子爲「三秀園」。

張禎祥獨樂樂不如眾樂樂，曾邀集新港、北港、大埤一帶的青年才俊，共同成立地方型詩社轂音吟社。正式集會之餘，還邀約同好到自家庭園賞遊，眾人飲酒賦詩、擊掌唱和，主人也留下多首《敝園即景》的漢詩：

自愛園名秀冠三，林深聊藉隱愚憨。
千條柳外千竿竹，百朵荷邊百樹柑。
水注滿池涼味釀，風吹入座淡香含。
古榕濃影遮簷角，六月炎威尚不諳。

久雨初晴暖日紅，園西檢點又園東。
假山木茂真山似，舊徑花迷新徑通。
池面築亭宜狎鷺，榕蔭匝地好聽風。
生平最愛林泉趣，領略朝朝興不窮。

| 三秀園

新港奉天宮｜

身爲大埤最大地主，張禎祥戰後被前來接收的國民政府指定爲鄉長，只作了一個月便掛冠歸隱三秀園，卻有一項流傳至今的政績——張藉著行政區域重劃，順手改掉鄉內俗氣的地名，例如原稱後壁店、舊庄的兩個聚落，就被合併爲風雅的怡然村。

一九七二年張禎祥去世後，三秀園沉寂多年，直到二○一五年產權轉移，開始斥資整修，重新舉辦各項藝文活動。我們徒步經過，才能進入既有亭台樓閣小橋流水，又饒富亞熱帶農村氣息的園區。休息遊賞一個多小時，遇上園內粉紅花旗木盛開，果然不負「泰國櫻花」盛名。

老實說，出發前我也不知道，離開大埤後經過的**溪口**鄉，是嘉南平原最大的客庄。鄉公所曾委託台大城鄉研究所進行的調查顯示，有四成人口是客家人，不過在地居民因長年福佬化，幾乎不會講客語，亦即為福佬客，就連本地出身的藝人江蕙，也以台語天后之名行走藝界。正午行過空蕩蕩的街道，只有剛剛整建的張名旺宗祠，還有生活文化館等設施，提醒我們三個過客，這裡客家村。

沿著從大埤一路貫穿溪口、新港止於朴子的縣道157，我們再度跨越另一條嘉南大圳的分支埤子頭大排水溝，邁向終點**新港**。除了遇上分靈後回來參香的島內宮廟隊伍，奉天宮正面還掛著「臺日連線共禱寰宇和順平安跨國祈福法會」——看來，香火鼎盛的新港媽，眞是「既在地又國際」。

第14回

走路來相見

嘉義新港－布袋

朝天宮 · 原東石神社藝術公園 · 配天宮 · 清木外科 · 布袋鹽山

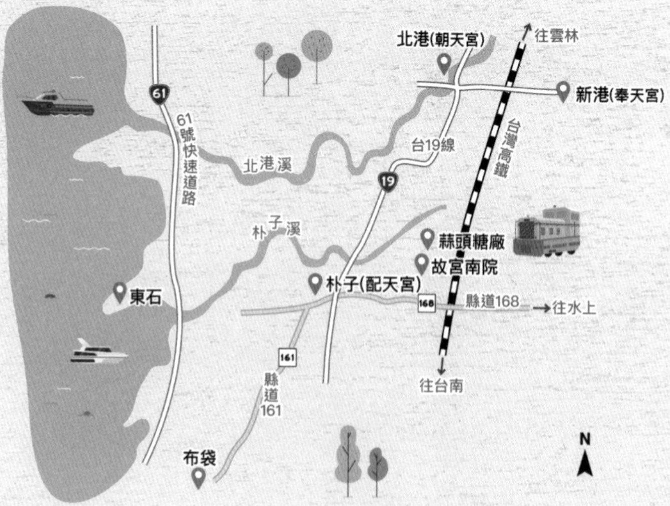

2021.04.03-04

相隔一星期，我又站上新港奉天宮廟埕，興奮地向媽祖報告，稍後將去拜訪世居於此的大學長陳錦煌醫師。

我與陳醫師素昧平生，只是個透過媒體報導長期關注的學妹。他在返鄉行醫第七年，也是我考上醫學系前一年（一九八七），因爲林懷民先生率雲門舞集回鄉公演的機緣，創立新港文教基金會，爲沉迷大家樂的鄉親開出「文化處方」，成爲台灣社區營造領頭羊。近年拜網路之賜，有幸成爲陳醫師「臉友」，也因上回途經診所週日休息，決定透過臉書先打招呼，才不會變成不速之客。

皮膚黝黑的老農走出診間後，陳醫師起身迎接，旋即提到「內人正好在家，也想看看妳」。我正狐疑，就見一位清臞的中年女士從天井對側走來，立刻認出是大學的藥理學老師陳青周教授。

老師稱讚我眼力好且「沒翹課」，才會記得她，惹得眾人哈哈大笑。

不知不覺聊了半個多小時，陳醫師提醒我，如果不改變行程留下來，就要趕

與陳錦煌醫師和陳青周教授合影

與劉書岑醫師合影

朝天宮廟前的鴨肉羹

快出發，因為近午的四月豔陽足以令人中暑。我趕緊拿出準備好的禮物，由我執筆的葉英堃教授傳記，三人便拿著封面有老師的書，在診所門口匾額下合影。

一離開有騎樓的市區，我連忙戴上遮陽帽，並檢查手機，發現學妹劉書岑醫師在我的臉書奉天宮打卡照下留言，「學姊還在新港嗎？」

她騎著腳踏車追來，不知騎了多遠，兩人在通往北港的媽祖大道旁無名檳榔攤前重逢。我們頂著太陽聊沒兩句，急著出門沒戴帽的書岑，頸根已經發紅。我勸她趕緊回家，她從淑女車前方的菜籃拿出一盒小藍莓，表示劉媽媽出門硬塞給她，「讓學姊路上解渴」。我收下劉媽媽的好意，並祝福書岑早日完成被疫情耽誤的博士學業。

為了參拜**朝天宮**，我得走回一水之隔的雲林縣。沿途甘蔗田

道路旁隨處曬蒜頭

從新港遠眺北港溪觀光大橋

提醒我，一百年前，多數香客是在縱貫鐵路的嘉義站或斗南站，轉乘客貨（製糖甘蔗）兩用的五分車輕便鐵道，抵達「媽祖總本山」，也就是矗立北港溪畔三百多年的朝天宮進香。直到半世紀前公路興起，糖鐵沒落，客運與遊覽車取而代之。更重大的變化是上世紀末因兩岸開放，湄洲謁祖成爲可能，再加上全台各地媽祖特色抬頭，打破了北港媽獨大的局面。但數據會說話，新冠疫情前，朝天宮一年仍正式接待兩千個前來刈火的進香團，連我這個徒步客，也特意繞道參香。

我放慢步伐，登上行人專用跨越北港溪的觀光大橋，火紅的橋身是兒時跟隨外公從虎尾來看元宵花燈時不存在的風景。轉入舊名宮口街的中山路，我試著和無懼正午驕陽的遊客摩肩接踵，才前進一小段，就決定向不到百公尺外的女神抱歉，「請允許弟子待疫情完全退散再來參拜」。

｜蒜頭糖廠五分車

沿台19線南下，遇到一位阿姨騎車經過。她主動停下等我，「汝要去叨位，阮載汝」，費了些唇舌，才婉拒她的好意，決定轉入徒步者較不突兀的鄉道，直奔蒜頭糖廠、故宮南院。原本盤算時間足夠入院參觀，可惜我不是訓練有素的選手，在跨朴子溪的自行車道旁小店，吃冰貪涼過久，不得不向國寶說聲下次再見，直奔朴子郊外投宿的旅店。

經過一夜休息，翌日清晨繼續上路。入市區前經**藝術公園**，我的目光立刻爲桃花心木圍繞的入口水泥鳥居吸引。一旁解說的石碑說道，這裡原是東石神社，戰後移作軍營，直到一九八七年國軍遷移，公所才改建爲公園。

我踏上神社已不存在的基台，摸摸兩旁依然忠心守候的狛犬才離開。不料隔壁的「**嘉藝點水道頭文創聚落**」，又讓我跌入童年在虎尾日式宿舍生活的記憶，彷彿偷溜到附近公園玩耍的小女孩回家了。

重回縣道往**配天宮**，這是我二十四小時內徒步參訪的第三間媽祖廟，以「樸樹媽」聞名。趁進香人潮未至，我細細巡禮，心想應該也有人像我這樣

左上：原東石神社的藝術公園｜右上：水道頭文創聚落｜下：配天宮

清木外科

朴子分局

「瘋」媽祖吧？

按照小鎮觀光地圖，我走向有著超過九十年歷史的和洋折衷建築「**清木外科**」，雖然改建的咖啡館尚未開門營業，瀏覽屋外展示的第一代西醫生館地圖，方知朴子可是早年雲嘉海線醫療重鎮；接著又盤桓到不遠處另一幢年紀更大的古蹟「朴子分局」，我才心滿意足離開市區。

當縣道161兩旁的莊稼從蔬菜水稻轉成魚塭，我知道終點布袋近了。想不到每座魚塭都養狗，且每隻都對著少見的行人叫，接力狂吠幾乎連成一氣。我認真考慮，下回出門帶支可伸縮的登山杖，用來嚇唬牠們。

回歸台17線省道，離**鹽山**越來越近，我發現對街有家便利商店，門口也有鹽山造景，便點了一大杯思樂冰消暑解熱。隔著窗玻璃凝望鹽山，我突然想起《千江有水千江

布袋鹽山

月》，蕭麗紅筆下的小說女主角貞觀，就住在布袋，而她父親上班的鹽場，莫非就是眼前鹽山地標所在的舊洲南鹽場？

作者蕭麗紅就是布袋人，除了《千江有水千江月》，還著有改編電影的小說《桂花巷》，故事背景也是有鹽田的北門。說來，她應該是比蔡素芬更早登上文壇的「鹽田兒女」。

《千江有水千江月》帶給上世紀八十到九十年代青年男女的感動，應該是網路世代難以想像，我望著店裡休息區認眞打手遊的年輕人，內心暗暗發出不合時宜的喟嘆。

原以爲自己提早達標，殊不知清明連假最後一天，從布袋回台北的統聯國道客運，行車時間將近十小時（表定四小時半）。當車停妥台北轉運站月台那一刻，眞想像搭長程航班降落觸地那樣，爲司機鼓掌歡呼。

第15回

鹽田美景與人文歷史交織

嘉義布袋－台南七股

高跟鞋教堂 · 布袋港 · 代天府 · 洪通故居 · 台灣烏腳病醫療紀念園區 · 水晶教堂 · 井仔腳 · 吳清友祖厝 · 七股鹽山 · 龍山宮

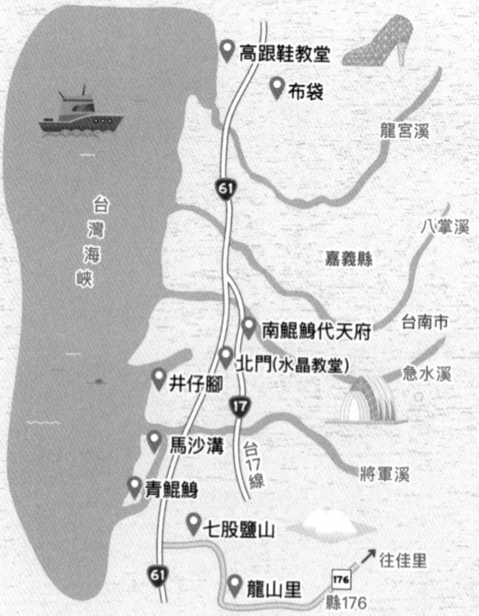

2021.04.30-05.01

二〇二一年勞動節前夕，我和這回的旅伴一早從台北兼程南下，上午十時許，三人已逛過網美景點**高跟鞋教堂**，走入進貨中的漁市。

布袋港不只是漁港，目前與澎湖有定期客輪往返。四百多年來，無論叫魍港還是冬港，布袋港的地位一直很重要，甚至在一九四五至一九四九年間，還有個「小上海」的暱稱。因爲那時遭二戰破壞的高雄港尚未修復，這裡一躍成爲台灣西南部與中國大陸最大的通商口岸。

我和蘇瑞珍醫師，還有第一次參加的診所同事郭小菁護理師，在漁市外圍的小攤，準備以蚵嗲和炸芋頭做爲中午的行動糧。跨過先前下車的布新橋，我突然想起一個故事，便對著海風呼喊：「七十幾年前，布袋應該是第一個因傳染病被中華民國政府封掉的城鎮！」

走在前方的兩人不解回頭，我歷史癖大發，滔滔不絕說起一九四六年春天，因忽略防疫工作，已被日本殖民政權控制多年的霍亂，隨著兩岸通商死灰復燃。當疫情蔓延，死亡人數飆升，地方政府決定派兵駐守港口與聯外道路，實施封城。

由於缺乏配套措施，只有鹽田的布袋很快鬧飢荒，有錢人賄賂官員出封鎖線採買物資，沒錢人只能偷偷闖關，想不到警察竟用機槍掃射，最後釀成「布袋事件」。

「比二二八還早呢！」小菁掐指一算；「幸好 Covid-19 一年多，我們沒走到這一步」，親歷 SARS 和平封院的蘇醫師感觸更深。

依照 google 地圖計算最短步行距離，前往今晚住宿的井仔腳，可以沿著61快速道路，或廢棄鹽田間的產業道路南行。我貪戀風景選擇後者，三人沿途爲一群群飛過的高腳鷸，還有玩水的

代天府

魚塭

狗兒驚呼連連，絲毫沒料到會有扇鐵門橫在路中，告知前方因去年颱風毀損路基，禁止通行。

不願走回頭路，我們試著走向西側約一公里遠平行的快速道路。像參加障礙賽，一路跨越已長滿低矮雜樹的田埂數百公尺，連接道路的便橋竟消失了，我們也不是跳遠選手……

「google 在搞什麼飛機！」見兩腿褲管沾滿泥土與雜草，領頭的我忍不住抱怨。不得不退回原點，往東走到更遠的台17線省道繼續南下，終於過了八掌溪，進入**台南市**。

放眼望去，公路兩側盡是魚塭。我試著發揮想像力，勾勒三百年前《諸羅縣志》所描述「大小船具可泊」的「倒風內海」，以及麻豆、鹽水還是商港的光景。不知不覺又過了急水溪，來到南鯤鯓，**代天府**巍巍然矗立於道旁。

翻拍「洪通站在住所前」（已拆除）

洪通鄰居用他的作品彩繪民宿

自康熙元年（一六六二）年開山以來，因內海嚴重陸化，所在地南鯤鯓早已不是狹長的沙洲。原本簡樸的代天府，不只擁有矗立「擎天大山門」的廣闊廟埕，富麗堂皇、重重疊疊的樓閣，還有兩側四合院式香客大樓與占地遼闊的花園。早年聚在廟埕賣香燭的小販，也被園區內的商店與小七取代。

五十多年前，有個住在廟後方鯤江村的婦人，幾乎天天來做香燭買賣。因爲她的丈夫洪通（一九二〇－一九八七），突然在五十歲某一天（一九六九年底），鄭重表明要全心投入繪畫，請她獨自挑起家中生計。從此，附近居民不時看到一個頭戴毛帽的瘦小男人，不分晝夜遊蕩在田野水濱，口中念念有詞，想到什麼就衝回家畫個盡興，大家都說他瘋了。

洪通還不顧眾人目光，把他的作品掛在廟旁。直到三年後，經路過記者報導，全台竟興起一波素人畫風潮。使得三個記憶猶新的五年級生，一出代天府，看到公路旁**洪通故居**的指標，立刻決定繞路。

我們直奔兼作里民活動空間的「新安宮藝文中心」，一樓大廳陳設洪通簡介與多幅複製畫。一位住在隔壁的大叔聞聲入內，熱心告訴我們畫家故居已經傾倒、後人也離開此地等最新消息。

謝過大叔，三人漫步在只有十多戶人家的安靜聚落「新厝仔」。家家戶戶都以洪通用色大膽鮮豔、辨識度極高的繪畫作為外牆彩繪，有些還倒映在小巧的魚池上。潦倒大半輩子、沒享過什麼福的洪通，絕對想不到自己的創作會變成故鄉的觀光資產。

「距離井仔腳還有將近五公里的路程喔！」見天色轉為淡紅，我催促夥伴速速上路，因為不希望錯過站在映著彩霞的棋盤式鹽田旁，目送熾熱的巨大火輪落入海峽的美景。嚴格說來，海平線應該落在倒風內海留下的遺跡北門潟湖，不是台灣海峽。

離開洪通故居，我們重回台17線，心裡雖擔心錯過井仔腳的夕陽，卻不能忽視三人從布袋一路走來，雙腳已越來越沉。

轉入南15鄉道，迎面而來的北門街區小巧整潔，看得出為觀光刻意修葺的痕跡。我的目光投向運河般的永隆溝旁一座樸素白色教堂，以及周邊平房。這裡正是王金河醫師（一九一六—二〇一四）奉獻一生救治烏腳病患者的現場。

烏腳病曾經是台灣西南沿海鄉鎮的地方流行病。在沒有自來水的年代，北門、學甲、布袋一帶的居民因土壤鹽分過高，必須鑿深水井維生，卻意外食入過量的砷，導致慢性中毒。最大病徵就是四肢因末梢血管阻塞，發黑壞死，早年還被視為天譴。

多虧北門子弟王醫師，一九四四年東京學成返鄉，一面透過通信，和投身公衛研究在醫學院任教的留日同學陳拱北教授討論；一面和教會合作，在診所旁另闢「憐憫之門」免費診療室，由基督教芥菜種會負擔患者醫療費用，王金河與謝緯負責診療。

時間超過五點，我們只能站在以原金河診所及北門嶼教會爲主體構成的「**台灣烏腳病醫療紀念園區**」前，想像王醫師、王毛碧梅先生娘、還有幾位白衣天使穿梭其間照顧病患的光景。

台灣烏腳病醫療紀念園區

根據谷歌地圖，還要再穿過舊北門鹽田，才會抵達今日終點井仔腳。眼看天空越來越紅，我忍不住打電話，問民宿老闆還要走多久。

「你們在水晶教堂附近？到這裡還有兩公里多……什麼？用走的？！……太遠了，我開車去接你們，就在教堂前面等。」

不待分說，熱心的老闆已掛上電話。即使心裡還有徒步的堅持，身體卻在無聲吶喊「該休息了」。我們三人決定依照指示，來到號稱「重現鹽田意象」的**水晶教堂**前。

五分鐘不到的車程，就抵達萬頭鑽動的**井仔腳**。這裡有二

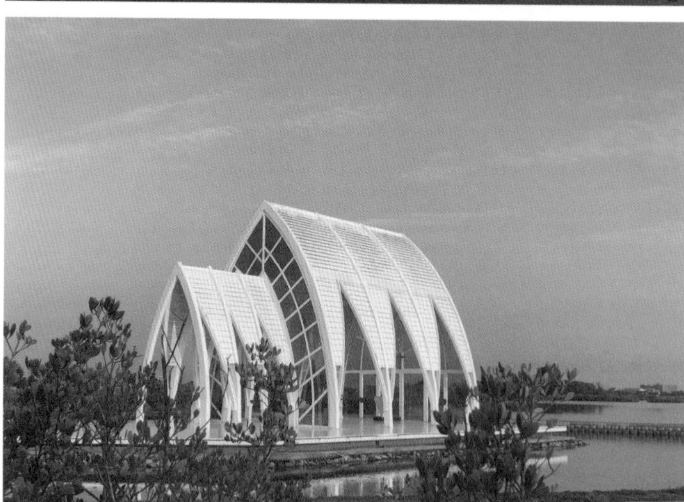

上：井仔腳｜下：水晶教堂

〇〇二年台灣全面停止曬鹽後，唯一留下的觀光鹽田。即將墜落海平面的落日，也是這群或持手機、或架單眼相機腳架的現代夸父們唯一目標。我終於明白，老闆急著去載我們，是不願客人錯過鹽田一天中最美的天光水影。

隔日醒來，同行的小菁腳趾間長的水泡，未如預期消去。經簡易護理，她認爲上路無虞，三人便經南10鄉道，回到南15，準備跨上台61線，越過古稱漚汪溪的將軍溪。

一過溪就是馬沙溝，原本也是倒風內海的沙洲，內海陸化後仍有漁港，主要功能是裝載七股各鹽場以小火車運到碼頭的鹽，以帆船送到外海上的貨輪，行銷世界。

隨著鹽業沒落，馬沙溝漁港也廢棄了，沒落的漁村，只有巷弄間繽紛的3D彩繪。我們漫步其間，好奇爲何有塊空地，利用兩側牆壁與地面，營造誠品書店意象。路過的長者告訴我，這裡原是誠品創辦人**吳清友**先生**祖厝**（一九五〇—二〇一七）。

吳清友祖厝原址

一九八九年，吳清友創立誠品書店，絕對是台灣文化史上重要事件。然我舉目四望，殊難想像這塊貧瘠之地，餵哺吳清友什麼樣的文化養分。直到我猛然想起紮根於附近的「鹽分地帶文學」傳統，還有眾多赫赫有名的「台南幫」企業家，似乎理解吳先生的誠品傳奇，其來有自。

離開馬沙溝，沿著通往青鯤鯓青山漁港的北航道前進，來到漁港外唯一的海產店用餐，並遠眺我們的下一站，前方兩座如雪白金字塔的七股鹽山。谷歌再度指示我們，捨台61走廢棄鹽田間的產業道路，未料舊事重演，前進兩公里多，又遇到跨越溝渠的便橋沖失，且眼前的水流比昨天更寬、更急、更深。

或許小菁腳底的水泡這時也破了，折返途中，我覺得她的步幅越來越小，好不容易回到分岔口，一輛小黃突然駛來，我們趕緊揮手。

幸運搭上回頭車。司機笑說眞不敢相信自己的眼睛，怎麼會有人在這種鳥不生蛋的地方招手叫車。倘若不是光天化日，還不敢讓我們上車。愛說笑

七股鹽山｜

的司機，完全扭轉三人又被谷歌愚弄的壞心情。

神奇的小黃，免除我們在三十二度高溫的戶外再走五公里的苦差事，提早結束這回的徒步。連走兩天終究累了，我們沒興致跟隨其他遊客，魚貫爬上六層樓高的鹽山。

由於出現傷兵，我決定從**七股鹽山**再坐客運到龍山里，應該可以趕上原本搭不到的最後一班竹筏遊潟湖。一下車，我三步併作兩步往碼頭衝，但岸邊的船老大告知返航時間，極有可能接不上回佳里的藍20線公車，就會連帶錯過晚上已訂位的高鐵北返班次。

「你下回不是從這裡出發？那時再搭竹筏吧，時間充裕一點比較安心」，蘇醫師為內心天人交戰的我做下正確決定。

離開鬧哄哄的永順號碼頭，隔壁的**龍山宮**敲鑼打鼓，

｜龍山宮

｜龍山里三寶

我們走進湊熱鬧，原來是身聲劇場在廟埕開演「在大水之中」，是一齣結合音樂與肢體表演的現代劇，台上與台下互動頗多，適合親子，或現場更多的祖孫共賞。

散場後，公車還要一小時才來，我們走進站牌對面的社區，龍山沒有大名鼎鼎的畫家，只有附近國小師生群策群力的彩繪作品。讓我們這樣的外來客很快學到，這個漁村有「吳郭魚、虱目魚和蚵仔」三寶。

雖然從青鯤鯓遇到神奇小黃，再也沒長時間走路，但小菁的水泡又過一夜，還是發展成蜂窩性組織炎，不得不請假休養三天，成爲徒步以來第二名傷兵。

第16回

最西邊的燈塔

台南七股－四草

國聖燈塔 · 綠色隧道 · 鰲金局

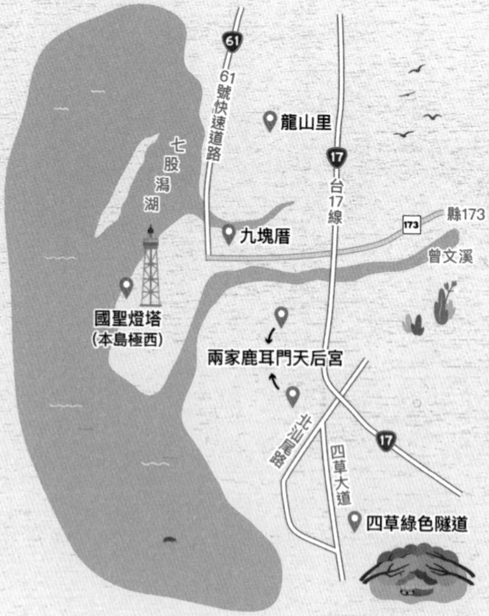

佳里的碗粿

七股溪口

我從嘉義高鐵站換乘大台南公車橘9線，預定在佳里轉車。受到紅蔥頭香氣吸引，還趁等車空檔過街，吃了個碗粿。看似熟門熟路，內心卻惴惴不安，全因這回出門，和上次整整隔了一個疫情三級警戒的夏天。

站在空蕩蕩的龍山宮廟埕前，目送載我一人前來的藍20公車離去。夏末的週六中午，七股不應該這麼淒涼，連潟湖的船班都停開了。幸好路旁還有幾間烤蚵的店家營業，我隨意走進一家，請老闆混合牡蠣與文蛤，讓我烤一盤打發時間，等太陽沒那麼毒辣再出發。

老闆也放了一個長假，「炭烤海鮮就是要趁熱吃，哪能做外帶」，他邊說邊用螺絲小起子，熟練地撬鬆置於網架上的蚵殼。等炭火一紅，就和自動彈開雙殼的文蛤一起食用。

兩點鐘一過，我等不及上路了。南31鄉道穿過魚塭與公墓，便與七股溪平行，偶有漁民駕駛動力膠筏劃破寧靜，航向出海口。二十一世紀的「小舟從此逝」，多了達達的馬達聲。

一百多年前可不是這般光景。道光三年（一八二三）曾文溪大改道後，爲了取代南邊淤積的鹿耳門港，這一帶曾經有個「國聖港」，成爲府城出入門戶。滄海桑田，內海快速陸化，今人幾乎不見任何地標，足以想像當年榮景。

唯一能聯想的，應該是一九五七年設置、一九六九年遭颱風摧毀，隔年旋即遷建的**國聖燈塔**，最初就設在網仔寮汕的國聖港邊。如今港廢塔遷，重

｜國聖燈港，台灣本島極西點

曾文溪口夕照

| 四草綠色隧道

建於西南不遠處的頂頭額汕，成爲台灣本島極西地標。

我從北堤步行過來，爲了接近塔身，必須橫跨綿延數百公尺大大小小的沙丘。雖沒去過世界最大的沙哈拉沙漠，總覺得旅遊書把這裡形容成「台版沙哈拉」太浮誇。

不過，眞正的奇景是即便身處島嶼之西，身邊稀稀落落的遊人都戴著口罩！

離開燈塔繼續南行，正好在堤上眺望**夕陽**落入台灣海峽。不一會兒，遠方的雲層越來越厚，風越來越緊，連空氣也濕潤起來。偶然駛過身邊的車輛，一部部朝市區加速離去。

心裡正咕噥「怎麼這麼晚還有午後雷陣雨」時，一位手持鐵耙、騎著貌似金旺摩托車的阿伯停下，問我要往哪兒去。

「你還沒走到九塊厝的民宿，雨就落下來了。我載你過去，快上來！」阿伯停車帶上口罩，用命令語氣叫我上車。

原來，阿伯是專程爲了愛喝蛤蜊湯的孫子來海邊「扒蛤仔」。因爲他的熱心，我好運躲過，撐傘也會打濕雙腳與褲子的大雷雨，比預定時間早一小時抵達民宿。

隔天清晨六點半，爲躲避暑熱趕緊上路，並鄭重帶上民宿老闆娘天未亮就出門買來的現做三明治。過曾文溪前，我得沿縣道 173 向東走五公里多，右轉台 17 線的國聖大橋。網友吳珮琳會搭先生的車前來會合，一起走到四草大眾廟，搭竹筏遊**綠色隧道**。

兩個出身雲林，網路相識多年的同鄉大嬸，拜珮琳陪走的心意初次見面，隨即瞬間聊開，完全無視在附近待命的保姆車（也就是開車的珮琳先生）。話題圍繞著一九七〇年代的虎尾，我們生活過的小鎮。原本計畫時間許可，這一路還要徒步順遊「正統鹿耳門聖母廟」與「北汕尾鹿耳門天后宮」。

兩家媽祖廟相距四公里，卻都聲稱源自鄭成功感謝神助修建的「古鹿耳門媽祖廟」，究竟誰是正統，幾已成公案。至於一六六一年四月三十日黎明，爲何大潮加漲數尺，「天意默助」鄭氏艦隊一日內順利通過鹿耳門進入台江內海，以及

「天意」是否就是媽祖……恐怕已超出我的史料耙梳範圍。

日頭比想像的猛烈，我開始不斷飆汗濕透衣褲——沒錯，徒步以來第一次覺得晴天卻穿著濕褲子在走路。兩人東張西望，好不容易找到一間鐵皮屋倉庫旁，有個太陽曬不到的陰影休息。由於補給飲水與熱量後體力並不如預期迅速恢復，只能捨拜廟直奔乘船處。幸好兩人來早了，十點第一班竹筏才開航，半個多小時前已有等候的客人。

隊伍漸漸拉長，與我一同在台大精神科受訓四年，現在台南開業的許森彥醫師，騎著摩托車及時趕到。我趕緊介紹舊友新知互相認識，除了一路開車「護駕」珮琳的先生是老台南，其他兩人都算是府城新移民。

森彥向我致歉體力不允許陪走，我搖搖頭，能看到春天才到鬼門關繞一圈回來的老友一切安好，已是此行最大安慰。

鳌金局

工讀生開始一個一個乘客發救生衣，看到排隊人潮不只坐滿第一班竹筏，還需臨時調度加班船，眞爲船老闆高興，因爲今天是三級警戒後復航的第一個週末。

我的「台版亞馬遜」初體驗即將展開，有幸得森彥與珮琳夫婦陪伴。當竹筏穿過本來是清代人工運河，因周邊紅樹林生長掩蔽形成的綠色隧道，我身上被汗水濕透的衣褲漸漸乾了，精神也完全恢復。可以順著隨船解說員的指示，興高采烈地和彈塗魚與招潮蟹打招呼，再看到清代鳌金局，也就是當年的海關舊址——請容許我來個穿越：搭乘的竹筏後方，一艘艘滿載來自府城各色貨物的「手撐仔」（圓底小舢舨）陸續駛近，一起等候繳納鳌金（通過稅）。過了**鳌金局**，將沿著「竹筏港水道」繼續駛向西北方的「國賽港」——對了，也有人習慣叫它「國聖港」。

第17回

東興洋行與《斯卡羅》

台南四草－高雄大湖

鎮安堂飛虎將軍廟 ． 東興洋行 ． 二仁溪 ． 興達電廠

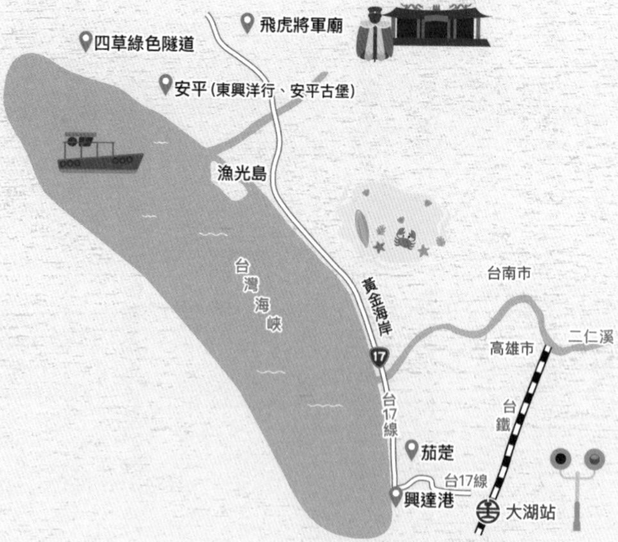

｜鎮安堂飛虎將軍廟

和玉鳳相約台南高鐵站大廳。

過去一年若有在地友人同行，多會請家人開車到終點接駁，這回卻是迎接。玉鳳一直透過社群軟體關注我「南向」進度，上回抵達四草大眾廟後，她傳來私訊：「我雖然走不動，可以開車去接你，一起吃個午餐再上路」。

餐後，我請她繞路，載著我與老搭檔蘇瑞珍醫師，來到位於海尾寮的**鎮安堂飛虎將軍廟**。

「看你傳來的地址很驚訝，我家附近竟然有拜日本人的廟」，玉鳳在台南生活多年，近年更爲護理師勞動權益四處奔走，卻未留意身邊的傳奇。

時間回到二戰結束前一年，一九四四年十月十二日清晨，美軍空襲南台灣，日軍升空迎戰，兵曹長杉浦茂峰駕駛的零式戰機不幸中彈。爲避免墜落在台南鬧區傷及無辜，他特地轉向西邊大片魚塭，墜落在原屬台江內海的海尾寮。

二十一歲的杉浦殉職後，在地居民多次看到一位白衣白帽之人在魚塭徘徊，請示附近的朝皇宮保生大帝，才知是杉浦顯靈。爲感念其義舉，村民在他沒後二十七年（一九七一）建祠祭祀。

乍看是小巧的閩南宮廟，最大不同在於廟前懸掛的日文歡迎布條，神桌左右豎著青天白日滿地紅與日章旗，以及牆上的生平簡介與飛行員照。賜封爲飛虎將軍後，杉浦還有一座由信徒捐贈，轎頂鑄著金色零式戰機的日式神轎，二〇一六年曾乘它返水戶繞境。

參拜後抵達四草，玉鳳仍爲自己無法陪走至安平過意不去，我卻滿心感謝，因她的「舉手之勞」，我們已經免除秋老虎下八公里的徒步。

四草大道極爲寬闊，爲圖樹蔭遮陽，我和蘇醫師不厭其煩來

｜東興洋行

｜台南運河

回穿越馬路。雖然早就包緊緊，有蔭無蔭體感溫度卻大不相同，直到登上鹽水溪出海口的四草大橋，終於迎來陣陣涼風，伴隨我們走入安平。

過橋左轉通往古堡的安北路，遊人漸次出現。爲避開人潮，我們沿水岸行走，遇上重新開放的**東興洋行**。

「爲什麼德國人憑護照免費？」我站在售票亭前，對收費規則感到疑惑。

當日開放時間剩半小時不到，我雖被矮牆內的紅色磚拱簷廊映襯白牆的古蹟吸引，卻對室內販售的咖啡甜點不感興趣，決定遠觀即可，想不到晚上爬文才知，錯過親身體驗公視戲劇《斯卡羅》重要場景的機會。

德商落腳安平，是在清廷簽訂《天津條約》（一八五八）五口通商後。歷經日治與國府統治，洋行多次移作他用，直到一九

二仁溪橋

茄萣運河

九七年才登記爲三級古蹟，可免費參觀。二〇一六年高雄美濃大地震後一度閉館整修，公視劇組趁重新開放前空檔拍戲，借景爲原在打狗的英商天利洋行（已不存在），溫貞菱（蝶妹）與法比歐（李仙得）等演員在此競相飆戲。

戲早已殺青，東興洋行又因疫情延宕，推遲重新開放時程。短暫出現過德國公民免費、台南市民要錢的噱頭，經媒體披露亦已取消。

「安平古蹟太多了。既然時間不早，還是直接進民宿。」同行兩人做出結論後，便走過人群散去的古堡園區與拓寬老街，再沿著**運河**走了一段路。

其實，眼前所見是日本人建的新運河，清朝郊商開挖的古運河位置更北，可直通下午經過的四草。釐金局課稅後，繼續走竹筏港水道由國聖港出海，卻已於一百多年前淤積廢棄。

舊運河遺跡及周邊荒廢的宅邸，曾被一九二〇年來台遊歷的日本文豪佐藤春夫，寫進揉合女鬼、怪談及偵探元素的中篇小說傑作〈女戒扇綺譚〉。至於一九二六年開通的新運河，也因藝旦金快與情人相擁投河殉情（一九二九）造成的模仿效應，形成水鬼抓交替的都市傳奇，甚至改編成電影……「幸好鬼月過了才來」，蘇醫師笑著回應我的鬼話。

隔天六點，我們離開全自動管理的民宿，完全不用攪擾任何人。沿台17線南下，我一路默數鹽埕、鯤鯓、喜樹、灣裡等地名，希望來不及親見的台江內海，能透過這些古老地名化作記憶，不要只記得「黃金海岸」這類不具歷史感的地名。

行過二**仁溪**，不僅揮別台南，也正式進入三百年前「堯（蟯）港內海」領域，現為高雄市茄萣區。聚落內小巧的運河，還有南邊興達港擴建後殘留的潟湖，應該是內海的最後痕跡，據說五十多年前，這一帶水域還能抓到粉蟯（也就是蛤仔），但我的視線卻一直停留在漁港南岸的**興達電廠**，只因爲當年（二〇二一）五月十三日，四部燃煤機組同時跳脫，造成西部各縣市限電的事件記憶猶新。

「發電廠又不能進去，改去漁市轉一轉」，總是向前看的蘇醫師提出建議。或許時間太早，或許疫情未退，攤位稀稀落落，我們決定去趕十二點發車，往台鐵大湖站的客運。

上：興達電廠｜下：漁港

第18回

北高雄巡禮

高雄大湖－鼓山

湖東牛肉館 ・ 路竹 ・ 岡山
・ 四海一家 ・ 左營舊城牆 ・ 蓮池潭 ・ 果貿社區

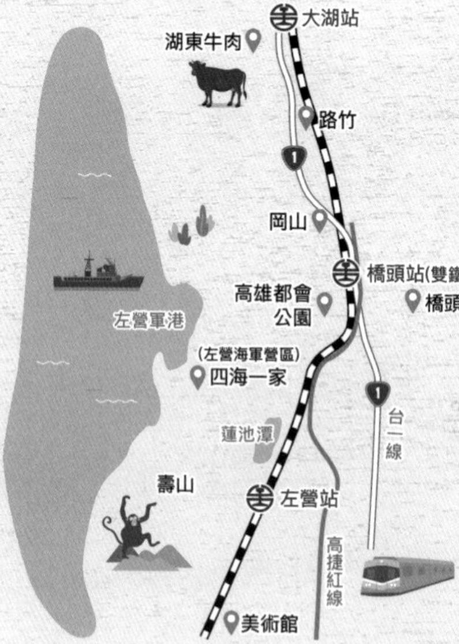

2021.11.20-21

｜湖東牛肉館

「抱歉，我看錯時間，剛跳上計程車，往高鐵車站全速前進」，新加入的桂花傳來簡訊時，南下列車已全力加速，我的心跳也跟著加速。

不久傳來換票後的車次，我趕緊上網查詢台鐵轉乘資訊，回傳建議桂花直接往南到路竹站下車。

原本我、蘇醫師，以及另一個新成員惠貞，預備四人各自搭高鐵，在台南站和體，轉乘至台鐵大湖站對面的「**湖東牛肉館**」大啖牛肉。發生這樣的插曲，已上車的三人只好「代勞」吃掉預訂的份量。

「下次到台南或高雄出差要再來」，惠貞詳細筆記，宛如挖到寶。

「網傳這家店務必預約，因爲每天拿到的溫體牛肉有限」。

我不忘強調，一路走來絕非美食取向，只因這回碰巧從大湖車站

萬全診所（王榮德教授老家）

出發，因緣際會訂到足以和台南PK的牛肉館。

餐後，三人沿省道南行。一進**路竹**，就看見路旁歇業多時的**萬全診所**，也是醫學院的老師，台灣第一位職業醫學博士王榮德教授老家。我曾在老師轉往成功大學任教、搬回老家照顧高齡九十的尊翁王萬全醫師時造訪過。出發前想起這段往事，連忙以email寫道：如果老師還住路竹，希望二度拜訪。

「王老師不在嗎？」蘇醫師與我站在屋前，凝視著斑駁的診所門匾問道。

「老師回信說自己也退休了。父母離世後，他就搬到學校附近住。雖然信裡歡迎我『路過』，但這回真的不順路」，我一面回答一面回想，四月在新港遇到藥理學陳青周老師的驚喜。

惠貞出門時穿了一件刷毛外套，南台灣非但用不上，還徒增肩頭負擔。她當機立斷，走進路竹車站附近的五金雜貨行，將所有家當綁在新買的迷你推車上，笑說大湖到路竹不過三公里，讓她充分明白，我出發前為何要再三交代，行李必須斤斤計較。

我笑惠貞比曹操聰明，一開始她沒抓到哏，我提醒以前國文課本所選的世說新語「絕妙好辭」篇。

「喔喔，就是曹操和楊修經過一塊石碑，出現一堆怪字，楊修秒懂，曹操要他別破哏讓我想想，又走了三十里才想通。曹操忍不住感嘆，『我才不及卿，乃覺三十里』。」當年的好學生拖著小車，收下老友冷到不行的「稱讚」。

桂花搭乘的通勤電車還沒到，我們瀏覽候車室牆上的簡介打發時間，並互相測試短期記憶，看能否記住「路竹四寶」。

「番茄、雞蛋、虱目魚……」我開始結巴。

「是不是還差花椰菜」，蘇醫師老神在在。

此時，穿著白色及膝薄罩衫，一身都會感的桂花翩然來到。二

岡山中山公園大鳥居

〇〇五年，惠貞在外商服務，曾經委託桂花擔任總編輯的心靈工坊出版社，爲台灣精神藥理學既重要又傳奇的人物、一九八〇年代來自北京的張文和教授作傳，由我擔任作者。多年後能結伴徒步，著實是難得的機緣。桂花對農村充滿好奇，不時用手機拍下路邊的花草。幸好與省道大致平行的高7鄉道兩側植被單純，我多能叫出名字，不枉住過六年鄉下。

午後四時，我們進入原名「阿公店」的**岡山**鬧區。據傳最初因一位樂善好施的蔡阿公在此開店賣雜貨，且爲旅人免費奉茶得名。不過，改名岡山也超過百年，拜一九二〇年「地方改制」之賜，島上許多村落都被起了東洋名字，像一路走過的富岡、日南就是。

一行四人在神社舊址，也就是中山公園內重新粉刷的紅色大鳥居前開心合影，遠方是金碧輝煌的壽天宮，廟前卻有對狛犬守護著媽祖，好個和漢折衷。而不遠處櫛比鱗次的改建眷村，又是岡山另一特

｜興隆居早餐

色。從日治到民國，岡山一直是重要空軍基地，上回經過海尾寮飛虎將軍廟，就是祭拜從岡山基地駕駛零式戰機升空，迎戰美軍殉職的杉浦茂峰。還有公視戲劇「一把青」，在鎮郊的「醒村」取景，可惜一過阿公店溪，天色快速轉暗，就不繞路去朝聖。

隔日清晨，來自高雄的學弟汪弘道醫師，還有返鄉多年的老友黃素鈴，陸續前來橋頭糖廠會合。一行六人在廠內的老樟樹下，分享素鈴排隊買來的「**興隆居**」早餐。有了在地人指引，我終於能丟掉google，放心跟著逛大街，專心觀看身邊的風景。配合博聞強記的弘道適時補充，聽到許多網路查不到的故事。

除了糖廠，我們也用同樣的步調，探索占地一百公頃的高雄都會公園，置身大樹環抱的步道中，外地人如我殊難想像，眼前濃得化不開的綠意，竟是垃圾掩埋場封存綠化的成果。自一九九九年停止掩埋，歷經封場、綠化、植栽與步道施作，二〇〇九年完工開放迄今，

左營舊城

四海一家餐敘

「十年樹木」是最好的註腳。

由於中午已在左營海軍基地「**四海一家**」訂位，我決定打開徒步者的「任意門」——搭上捷運，一口氣少走六公里路。當下若堅持徒步，除了勢必錯過在地飄香超過七十年的眷村美食，還會讓專程趕來相聚的學妹陳宇盈苦等。宇盈曾與我短暫共事，也是弘道的妻子。二〇二一年三級警戒後，這可是我第一回和一群人圍著圓桌吃飯，也是徒步以來最盛大的一次。

我們踅回左營的主動脈左營大路，再繞著**舊城牆**與**蓮池潭**南岸，登上鳳山縣舊城的東門，咦，明明在左營散步，鳳山怎麼出現了？且容我贅言，一六八四年台灣納入清帝國版圖之初，設一府三縣，鳳山縣轄今日的高雄市平原地區與屏東北部，縣城就設在興隆莊（現在的左營），日後遷到埤頭街，也就是後來的鳳山。不過，眼前的石城，其實是十九世紀砌的，因爲民變頻仍，加強舊城防禦工事後遷回的呼

左營大路

果貿社區

聲不斷。只是亂事一平定，官府對遷治又興趣缺缺。

眾人隨弘道離開舊城，沿著鐵路地下化後闢建的翠華路南行，來到全台最早改建眷村**果貿社區**。看到路名，我不由得聯想，「翠華中學」是不是就在附近。

「眞正的翠華中學在屏東」，弘道補充，電影《返校》虛擬的「翠華中學」，是劇組借廢校多年的潮州「志成商工」拍攝的。

「連翠華國小都沒有嗎？」

「沒有」，弘道認眞回答我無厘頭的問題。

果貿新村共有十三棟集合住宅，社區中心的第八與第九棟樓呈雙C狀，圍出一個「圓頂天」，其他棟環護在外，加上密密麻麻的鐵窗，乍看以爲來到香港。附帶一提的是，社區周圍種滿黑板樹，開花時節來訪，空氣瀰漫的異味久久不散，也成爲這趟舊城散步奇特的餘韻。

第19回

今昔鐵橋

高雄鼓山－高屏溪舊鐵橋

美術館・愛河・玫瑰堂・逍遙園・衛武營・九曲堂

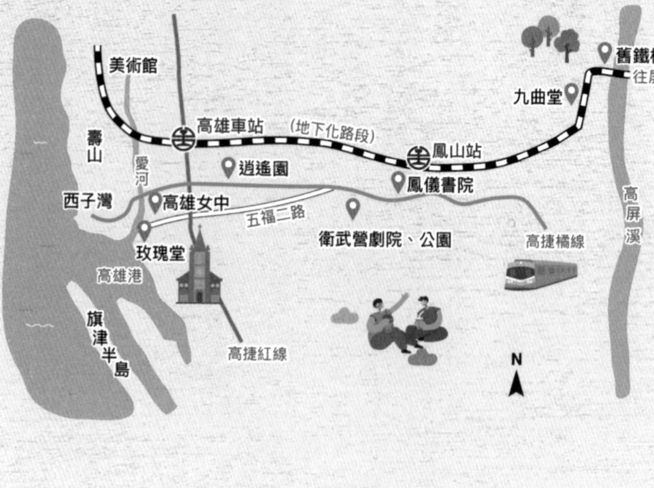

2021.12.11

大會師

坐上週六清晨南下的高鐵列車，我再次推演行程，今天是徒步以來最複雜的一次。第一個集合點是台鐵美術館站，台北前來的桂花、惠貞與我，要和從高雄出門的素鈴及姿婷，還有弘道、宇盈一家，浩浩蕩蕩站前大會師，繼續上回鐵路綠園道徒步。

綠園道兩側的公路，分別是翠華路與馬卡道路。翠華路比較長，一路延伸到左營。比較短的馬卡道路，源自曾居住於此的馬卡道族。不明就裡的民眾，甚至捷運公司都搞錯，以爲是條叫「馬卡」的道路。

「要是晚一週來，這段輕軌就通車了」，弘道邊走邊說，還用眼角餘光確認兩個孩子自行車騎在安全地帶。

「我們是來走路的，分心的事越少越好」，我話才出口，就收到移居高雄的劉榮凱導演簡訊，問幾時到高雄。

榮凱是我的老師葉英堃教授的小舅子。當年爲老師作傳時，他幫助很多。我回他依目前速度，暫約中午逍遙園碰面。

「高雄的天空很藍，跟想像不一樣」喜歡拍照的桂花，在眾人跨越愛河時，以藍天綠水為背景拍下大合照。之後，弘道一家便與我們分手，前往附近的家樂福購物。

初冬陽光下的愛河波光粼粼，我們愉悅地沿河岸樹蔭向港口前進，直到看見玫瑰堂的哥德式尖塔，我提醒眾人左轉。

玫瑰堂是玫瑰聖母聖殿主座教堂的簡稱，也是台灣第一座天主教堂。最初是清道光年間（一八五八）西班牙神父用稻稈、茅草搭成的簡易傳教所，幾年後以土角磚、西洋磚（紅磚）、與咾咕石改建，並從西班牙迎奉聖母像供奉，至於眼前的建築，重建於日治昭和初年。

「過街進去看看」，桂花身為教徒，難掩心中親近教堂的喜悅，我緊隨在後，擔心教堂會不會為了防疫，拒絕遊客參訪。所幸值班警衛示意走側門，當我們是入內祈禱的信徒。

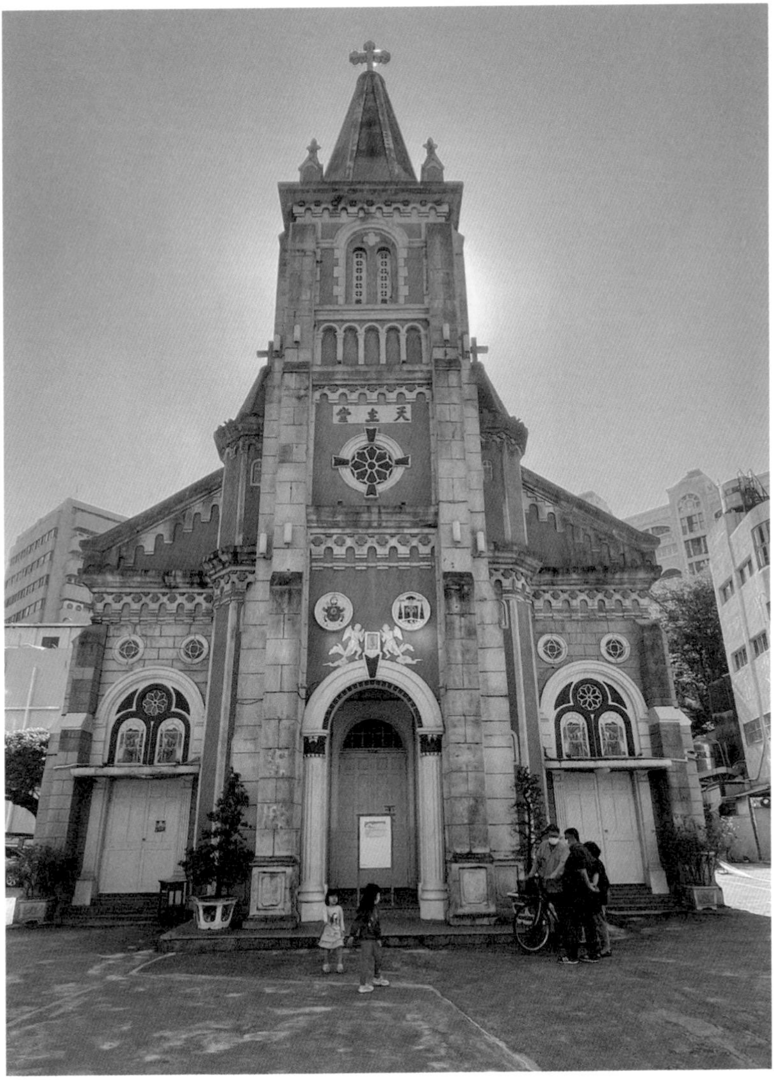

| 玫瑰堂

經過短暫休息重回五福三路，高雄女中就在附近，眾人簇擁校友姿婷到門口拍照留戀，害羞的她卻笑辭跟母校不熟（說不定剛剛離隊的雄中校友弘道比較熟）。想不到我隨手拍下的大門竟成爲「最後身影」，不到一個月，磚紅橫柱的校門即架起圍籬改建。

這不是雄女第一次改校門。根據曾任教雄女的歷史老師許聖迪考察，一九二四－一九七四年間使用的第一代校門，已設計人車分道，而當年高雄只有十台汽車，足見規劃者對現代化的想像。而今，第四代校門即將面世，又將向世人釋出什麼樣的訊息？

午餐時間就要到了，我根據 google map 估算步行時間，若到逍遙園再吃太晚，「不然就到大立百貨對面的金城鴨肉，不僅開門早，更是高雄名店」，素鈴對在地美食瞭若指掌。「請劉導過來，我們在店裡吹冷氣等他」，我趕緊通知榮凱改地方見。

但我們沒幫開車來的榮凱設想。這一帶曾是高雄最繁華的商圈，也是三十歲以上高雄人的共同回憶，直到一九九五年大統百貨一場火才逐漸沒落。即便如此，還是讓他花了半個多小時找停車位，當他趕到時，不僅留的菜都涼了，眾人還去附近的便利商店買好飯後咖啡。

所幸咖啡是熱的，話匣子一開欲罷不能。於是我在心裡啟動 Plan B，因為預定的終點高屏溪舊鐵橋有關門時間，必須在鳳山再次打開「任意門」——搭上台鐵，十分鐘不到便是九曲堂。

距離逍遙園還有兩公里多，抵達鳳山車站前還會經過衛武營、鳳儀書院，我不得不催促大家上路，榮凱也陪我們走到中央公園結束探班，可這群娘子軍的紀律，又因逍遙園渙漫了。

二〇二〇年底才開放參觀的**逍遙園**，是日本淨土眞宗本願寺派（西本願寺）第二十二代法主大谷光瑞一九四〇年落成的海外別墅。出身宗教世家的大谷光瑞，不僅是大正天皇的連襟，還受孫文之邀，出任中華民國政府顧問。雖然我不確定第一代主人在這座莊園住過幾天，但一九四五年日本戰敗，附近的陸軍病院由國軍接收，改制爲第二總醫院（後來的陸軍802醫院），首任院長及醫院數位員工，可是以逍遙園爲家，還在附近籌建「行仁新村」，安置更多員工。直到二〇一〇年眷戶放棄改建，選擇遷村左營，隱身其中的逍遙園才以歷史建物之姿重見天日，歷經台日建築團隊多年整修，終於向市民公開。

聽完導覽，眾人坐在院子裡睡蓮池邊，貪戀午後冬陽。我不得不再次修訂計畫，告訴大家今天得放棄走訪鳳儀書院，「巷子口就有捷運站，搭到衛武營，不遠就是鳳山，說不定不用放棄」，眾人紛紛爲素鈴提議叫好。

如果只有我一人，鐵定會繼續走路，但又不好意思告訴大家：抱歉，行程裡有書院和鐵橋，因爲一個人走得快，又不會休息那麼久，這次到不了了……於是我帶著猶如作弊的罪惡感搭上捷運，一路默默安慰自己，大家都很開心，徒步只是你一個人的事，何必拘泥於移動方式。

捷運一出站，就是從逍遙園附近遷建過來的802醫院，但年輕讀者應該

逍遙園

高屏舊鐵橋｜

劉榮凱導演來金城鴨肉探班｜

比較熟悉現在的名字，「國軍高雄總醫院」。斜對面則是荷蘭建築師侯班設計的流線型白色歌劇院，觀眾可以從四面八方走進，也可以在名爲榕樹廣場的延伸空間，自由地穿梭、休憩。

接近鳳山市區，素鈴看見濃厚舖青草茶分店，要大家務必體驗一下高雄人喝什麼。

「這太苦了，我眞的沒辦法」，當惠貞忍不住抱怨時，好心的老闆爲她已經是濃、薄各半混合的茶飲注入更多薄茶，終能入口。喝完涼茶，素鈴繼續推薦在三角地擺攤的大腸包小腸，見我沒跟著人龍排隊，勸我「不用擔心，別忘了我老家住鳳山」。

「鳳儀書院去年才和姿婷去過，今天省略，大家放心吃」，我決定用小吃爲這回徒步作註腳。

進入鬧區，素鈴帶我們穿過一段細心修葺的水道，應該是曹公圳，不遠就是火車站，也是高雄段鐵路地下化最南端。列車一出站便開始爬升，我望著窗外的平原，心中突然冒出一個念頭：下回專程來踏查補走，從曹謹引高屏溪水灌溉的舊圳頭開始，一路走回圳溝匯入的愛河。

列車駛進**九曲堂**，整天興致高昂的朋友們一下車就忙著拍照，不愛入鏡的我從旁環顧異常寬闊的站區，尋找舊日**雙鐵**共構遺跡。所謂的雙鐵，指的是 1978 年停駛的糖鐵「旗尾線」，也就是當年的九曲堂可以從大驛頭（縱貫線車站）到小驛頭轉乘小火車至旗山、美濃一帶。

朋友看我還在神遊不存在的車站，連忙催促上路，很快就看到負責修建鐵橋的技師飯田豐二（一八七四－一九一三）紀念碑，可惜他在當年亞洲最長鐵橋落成前夕因病去世，無緣親見鐵路貫通高屏溪的地理屏障。

即便歷經二〇〇五、二〇〇六年間洪水相繼沖毀四座橋墩，舊鐵橋桁架在夕陽餘暉中，依舊十分美麗，當電氣化列車從不遠的新橋通過，我按下快門，補捉因參差對照歷史感滿滿的瞬間。

第20回

亞洲最南的日文圖書館

高屏溪舊鐵橋－屏東枋寮

勝利新村 · 屏東總圖書館 · 福記餛飩 · 池上一郎文庫 · 張萬三祖祠 · 綠色隧道 · 朝林宮 · 心之和乳酪 · 南州糖廠 · 溪州代天府 · 東隆宮 · 大鵬灣 · 枋寮車站

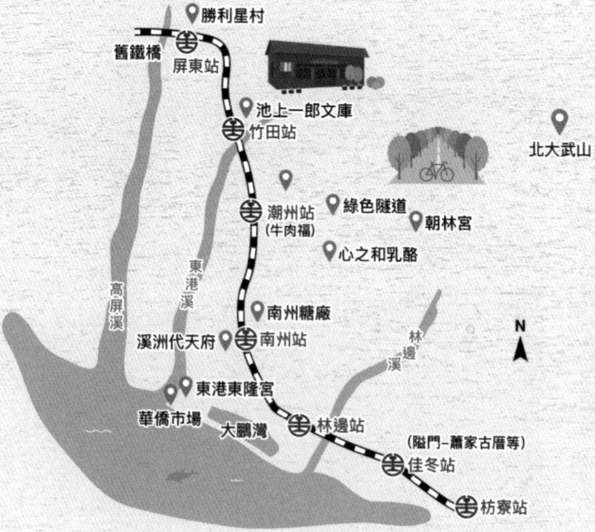

白天的屏東民族路夜市

勝利新村一偶

新年第一天九點半不到，我在新左營站轉乘台鐵往台東的自強號，素鈴預定從高雄站上車，一同前往屏東。

上回終點舊鐵橋是斷橋，若繞道最近的台一線公路橋，要多走一個半小時才能進屏東。那天因此隨意找個麵攤晚餐後，眾人走回夜幕已垂的九曲堂站鳥獸散。我和桂花搭上往屏東電車，在車站附近的汽車旅館住一晚。隔天一早我往台南，趕赴陳耀昌老師的宮廟探查之旅；難得來到南國的桂花則睡到自然醒，四處晃蕩後回台北。

看到一身機能衣的素鈴上車朝我走來。這是她為了這回從屏東經東港走到枋寮所做的準備之一（連我也換上壓力褲，減少大腿內側摩擦）；另一項準備工作就是每天下班牽狗健走，直到老狗氣喘吁吁，她才抱著牠走完訓練里程。「就當成連續三天走三個半馬」，上回分手後，我們彼此勉勵。

路旁曬紅豆｜

美麗的舊鐵橋再度出現在車窗外，我也收到宇瑄將在車站大廳等候我們的簡訊。她正在國防醫學院就讀醫學系，兩年前參加大地之愛基金會提供獎助的暑期小型研究計畫，基金會派我當指導老師。

「**勝利新村**離火車站不遠，老師要不要去逛逛？」

我告訴她上回才逛過，包括楊德昌電影《牯嶺街少年殺人事件》中幾個知名場景，像是最後殺人的現場長春圓環。

「啥米！跑到屏東取景！我還傻傻以爲就在牯嶺街。」素鈴大聲驚呼。

素鈴的反應很正常。我轉問宇瑄，「一九九一年電影首映時，你出生了嗎？」

宇瑄笑而不答，「那我們直接向**屏東總圖書館**出發」。我和素鈴趕緊跟上她的腳步，大致沿著如護城河的萬年溪前進，不久就

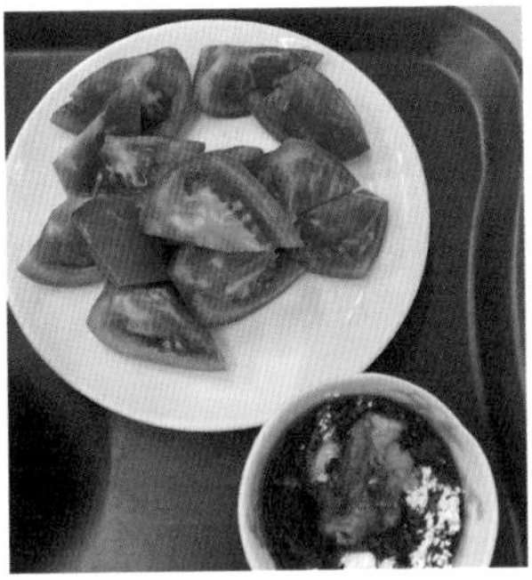

番茄沾薑汁醬油膏

福記餛飩

來到一大片名爲「千禧公園」的綠地，園區裡有運動中心，和近日爆紅的圖書館。其實，縣立圖書館存在超過三十年，建築師保留原建築，以「老樟樹林中的書屋」爲意象進行改造，透過重新設計擴充原有空間，並兼顧結構安全，我覺得比拆掉重建更不容易。

我婉拒宇瑄邀我入館瞧瞧，既怕細節看得太入迷，又怕人一吹冷氣就發懶，決定學網紅以樟樹林背景，在門口打卡拍照。

回程走仁愛路，走馬看花感受聚集縣內四分之一人口的街市氣氛。我默默數著途中經過了體育館、女中、還有公園與購物中心……眞是一應俱全的鬧區。

繼續跟著宇瑄，穿梭於許多攤位還沒營業的屏東夜市，來到委身於複雜巷弄間的「**福記餛飩**」，她笑稱自己是「吃這家長大的」。

我猜出門在外求學的宇瑄，或許每次回家，都會來店裡報到。當外表炸得金黃酥脆，內餡卻鮮嫩多汁的餛飩，還有豬肝、魷魚等風味獨特的小菜陸續上桌，素鈴與我忍不住關心起宇瑄未來動向。如果我還在醫學中心服務，像她這種對人際互動有敏銳觀察力，且對質性研究有興趣的年輕人，正是我想網羅的精神科住院醫師。

「但我是公費生，要看畢業那年訓練醫院哪些科有缺才能決定」。語畢，宇瑄和我們在剉冰店前分手。我們也再次著裝，全身包緊緊，不敢輕忽屏東一月正午的陽光，預定向南出發。

按照google指引，我們經過一片透天厝住宅區走向屏東總糖廠，原以爲可以直接穿越仍在辦公的廠區，不料門口警衛指引我們前往圓環入口，進入由原紙漿廠周邊改造的縣民公園。對我們來說，走工業風的廢棄廠房景點，比不上戶外的草原及水池營造的寬闊氣氛。公園邊境有條小溪，和工業區分界，涓涓細水竟有個生猛

｜竹田車站

｜池上一郎文庫

的名字「殺蛇溪」，莫非過去是爬蟲弟兄聚集之地？

離開關閉近二十年重新活用的廠區，沿不知名鄉道，朝十二公里外的竹田車站前進。比起雙向四至六線車道的省公路，我偏愛曲折的鄉道及轉角意想不到的風景，唯一懸念是飲水補給，只能期待村落裡的柑仔店。

在稻田、紅豆田、檳榔園和魚塭間穿梭近一小時，終於遇到村落，走進一家沒有招牌的柑仔店補給，抬頭一望門牌還是屏東市，渾身是汗的旅人感到洩氣，殊不知我們已經離麟洛、竹田鄉界很近，小憩出發後一不小心就跨進竹田。

老實說，除了舊車站與站前的**池上一郎文庫**，我只知道竹田是個客家庄。果不其然，立刻與一間椰子樹環繞的客家祠堂「**張萬三祖祠**」不期而遇，可惜當天不開放，只能從牆外遙望有漂亮屋脊的家廟。

上：竹田街口有型的商家｜下：張萬三祖祠

近年台鐵很多車站與路線都高架化，竹田車站亦不例外。但屋齡八十多的木造車站，和一旁倉庫改造的池上一郎博士文庫被保留下來，且號稱是亞洲最南日文圖書館。地方人士以二戰期間在竹田野戰醫院服務的池上醫師捐贈藏書爲基礎，成立圖書館，作爲日語教育世代的長者聚會、閱讀的場所。儘管附近攤販銷售的客家商品，乍看讓我覺得和全台各地客家村差不多，但一路仔細觀察，卻有幾間老屋改造的漂亮商家，像是叫「大和頓物所」的咖啡店。

「頓物」是什麼?無知的我一度以爲是日語的漢字，後來才知是客語，也是竹田舊名。源自早年夏季附近的東港溪水暴漲時，運貨的小船會將貨物寄存（頓物）於兩溪交會的竹田，等水退繼續航行。進入鐵路運輸時代，竹田仍是稻米集散地，街市熙熙攘攘，一度聚集數十家醬油工廠，全因這一帶日照長、水質優良。

鐵路沒落後，竹田鄉自一九八〇年代持續人口外移，連火車站都因運量

綠色隧道旁的 Q 版波麗士大人

位於潮州的屏東戲曲故事館

牛肉福的元氣早餐

過低被降級成簡易站。直到近年一群在地青年抱持著「歷史建築不能只有殼，要有眞正的意義」，串聯進行地方創生，但他們不喜歡被戴上「社區營造」的帽子，「只是邀請大家來這裡悠然過活」。

走過竹田，我們感受到這股誠意，帶著「出發前怎麼沒想到在這裡住一晚」的心情，走進屏東縣人口第二多的行政區**潮州**。

潮州因來自廣東潮州早期移民懷念故鄉而得名。不過飢腸轆轆的旅人，只想著過潮州大橋後直奔超過七十年歷史的「**牛肉福**」。晚餐吃涮牛肉不過癮，隔天一早，我們又來報到，學當地的阿伯，用一碗九層塔提味的牛肉湯加白飯，儲備徒步到東港的力氣。

「爲什麼店裡只有阿公來吃早餐？」

「阿婆在家吃早齋」，我嚥下一塊牛肉隨口答，素鈴卻頭如搗蒜，贊同我的假設。

離開仍在沉睡的鬧區，遠方的大武山陪著我們，朝東郊的**綠色**

隧道前進。全名泗林健走步道的潮州綠色隧道，是一段長約一．二公里，兩側有五百株小葉欖仁樹合抱的鄉道。路旁有許多長椅供遊客休憩，其中一張坐著斑馬造型的波麗士大人等比大塑像，指引一片美麗莊園的入口。趕緊上網爬梳，才知是潮州分局認養管理，也是我第一次學到，連警察都在拚農村再生。

我們在綠色隧道另一頭入口**朝林宮**休息。這座建築造型如宗祠的宮廟，主祀中壇元帥，也就是李哪吒。值得一提的是，中庭有個寫著「天上聖母」的香爐，原來是日治末期整頓寺廟，許多神像被集中燒毀，信徒偷偷將主神請回家中保護，改奉殖民政府認可的「純正佛教或儒教神佛」媽祖。戰後，太子爺重新安座，唯香爐猶在，見證這段歷史。

沿著縣道向西南前進，知名的「**心之和乳酪**」總店成爲必經之地。十點不到，店門口陸續出現等開門的民眾。素鈴與我分工，我排隊，她先占住庭院裡有遮陽傘的座位。

很快就輪到我，店員告知現場販售的單片乳酪沒有想要的口味，六吋雙拼剛好有。我沒找素鈴商量，但她看我提著保冷袋，而非端著兩個盛乳酪小盤走向她時，露出驚訝的表情。

「店員說可以保冷半天，吃不完就邊走邊吃」，我一派輕鬆回應，兩人開始一路輪流提乳酪到東港。

大啖乳酪後繼續上路，我們決定省略午餐減輕罪惡感，直奔南州糖廠。徒步以來，一路走過溪湖、虎尾、蒜頭、橋頭與屏東糖廠，南州是台灣最南的一座。

南州廠一九二一年完工時叫東港製糖所，南州這名字是後來改的。二戰結束，糖廠所在地先由東港郡林邊庄改隸林邊鄉，一九五一年分鄉，以流經的溪州溪爲名，不久又因容易與彰化溪州混淆，改成南州。

抵達糖廠必須穿過崁頂鄉一望無際的毛豆田。時值收成季節，兩台鮮紅

| 毛豆田收成

溪洲代天府

塗裝的採收機在田裡來來去去，還有群隨後撿拾剩餘莢果的工人。一位正在田埂休息的大叔應我們要求，提著一桶滿滿的豆莢留下工作照。

跨溪州溪進入**南州糖廠**，發現與其它糖廠格局類似，唯有三、兩位跳舞裝扮的中高齡女士，在一位老伯卡拉OK伴唱聲中翩翩起舞，消磨午後時光。

南州的信仰中心**溪洲代天府**，是「屏東三大迎王平安祭典」其中之一現場。但我們經過時卻廟埕無人，王船廠鐵門緊閉，宛若空城。

若提早一個半月到訪，祭典期間一定是截然不同的光景，連我這種與當地毫無淵源的人都想來。我按照迎王期程，認眞搜尋了東港、南州與琉球的住宿，發現一床難求，且看到不少檢討祭典日益觀光化，湧進不尊重古禮觀光客的文章，決定放下獵奇心態，按照原本步調前進。

迎王是指天庭有群代天巡守的王爺，每三年由信眾請來人間繞境，最後用「燒王船」送王畫下句點的民俗盛典。受王爺信仰庇佑的人民，不管身在何處，都要回鄉參加。去年九月就在門診遇到一位老太太，希望我無論如何不要排她在迎王期間回診，因爲要回東港老家幫忙……

聽完我的故事，素鈴分享她曾待過一個部門，主管每年初夏都要選個週末包車，招待屬下來吃黑鮪魚。我忍不住讚美「老闆人眞好」，她卻回應「應該是自己愛吃吧」。

通往漁產品直銷中心「華僑市場」的縣道187，開始與東港溪平行，走了兩天超過五十公里的步伐突然加快，路上的海鮮餐廳、海味伴手禮店也越來越密，素鈴建議，直接前往「市場旁有排海產店，面向出海口，可以看海和漁船進出，但夕陽應該來不及」。

東港飯湯｜

酒足飯飽，我拿出手機搜尋爲何此地叫華僑市場，莫非東港像金門一樣，有很多下南洋討生活的鄉親？想不到，答案竟然是漁民早年稱穿著整齊服裝，購買魚貨夠「阿莎力」的外來遊客爲「華僑」——素鈴年年包車前來的主管，肯定是忠誠華僑。

根據民宿老闆娘情報，巷口的「東港黑食堂」清晨六點半開始營業，前晚充分拉筋、抬腿後，我們早早入睡，一開門就來報到。

我們是爲「飯湯」來的。飯湯不是鹹粥，是類似泡飯的食物，但配料與湯頭沿海內陸各地不同，來到靠海的**東港**，當然是滿滿海味。

暖胃後元氣十足，輕快地前進**東隆宮**，素鈴也終於相信我昨晚所說，「如果第三天順利上路，就能一直走下去」。參拜完主殿的「溫府千歲」，站在極度華麗繁複的黃金牌樓下，我窮極想像力，重現祭典的狂歡。

｜東隆宮

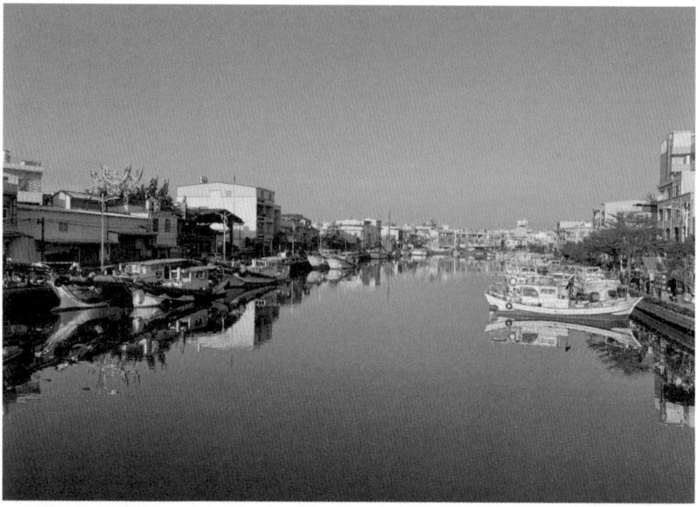

上：流經東港鬧區的新溝｜下：林邊崎峰濕地

離開市區前，兩人走進一家便利商店，叫兩杯咖啡，佐昨天從潮州帶來的最後兩片乳酪。不知是用料紮實還是民宿冰箱冷凍力十足，乳酪還有模有樣。

經過嘉蓮濕地，就是**大鵬灣**。二〇一九台灣燈會舉辦前，外地人多因賽車場知道大鵬灣。同年夏天賽車場歇業後，環灣道路不再有車輛呼嘯而過，大鵬灣恢復成寧靜的潟湖。

一九九一年以前，通過大鵬灣北側的是一條鐵路。在沒有公路橋橫跨東港溪的年代，居民就靠六．二公里長的支線鐵道進出。三十年前，還在念小學的弟弟已迷上鐵道，聽聞東港線即將停駛，死纏爛打要媽媽從台北帶他來做最後巡禮。

「當年看到的天空一樣藍嗎？」轉入林邊鬧區前，我默問自己，媽媽在天上，當然沒有回答。

前文提及，舊稱林仔邊的林邊鄉，曾包括現在的南州，但我除此之外所

佳冬老街｜

老街口的步月樓｜

蕭家古厝｜

知有限，「你說，林邊到底有什麼？」我模仿村上春樹的語氣，詰問素鈴。

「嗯，去廟前看看，我知道有一家冰店，每次開車經過都會停下來。」素鈴在前我隨後，從大鵬灣南側沿鄉道回到台17線，直奔林邊夜市裡專賣雪花冰及刨冰的「老地方冰果室」。

從清晨六點半離開民宿，我們已在毫無遮掩的陽光下徒步三小時，不約而同選擇比較解渴的刨冰。「老闆，我的水果冰可以加很多蓮霧嗎？」素鈴提出要求。

「市場又沒賣」，老闆的解釋讓人很吃驚，明明路旁種滿結實累累的蓮霧，但我們吃完冰走進附近市場觀察，幾乎沒有零售的蹤影。

「來到蓮霧的故鄉，怎麼能不吃蓮霧？」素鈴不死心，從林邊問到佳冬，省道旁顧蓮霧攤子的小販，只願一簍一簍的賣。放棄產

粄條

白兔牌烏醋

地現吃的念頭後，我用村上大叔的話安慰自己，「到陌生的土地去旅行，光是呼吸著、眺望著風景，都會覺得自己好像稍微變大人似的！……那些風景是否會有什麼幫助？只不過是回憶而已也不一定。但本來，那就是所謂旅行……」。

不過一溪之隔（林邊溪），佳冬充滿客家元素，我們沿農用道路走過最早開發的六根與佳冬兩村，彎曲狹小的街道充滿宗祠、隘門、商樓、與古厝，不難感受早年繁華。可惜曾在乙未戰爭中成爲抗日據點，全台唯一五大進的蕭家古厝，當日並未開放，我們只能繞周邊街道巡禮懷想。

經過佳冬車站的省道附近，只有一家粄條店假日營業，也成爲午餐唯一選擇。素鈴拿起桌上令人懷念的白兔牌烏醋，加好加滿。飽餐一頓，我們用最後力氣，沿著魚塭與海堤，迎向**枋寮車站**，也是這三天最後的八公里路。

第21回

《斯卡羅》、《傀儡花》與《獅頭花》現場

屏東枋寮－恆春

加祿・獅頭山・楓港・德隆宮・落山風藝術季・琉球藩民墓・恆春・社頂公園・一心寺

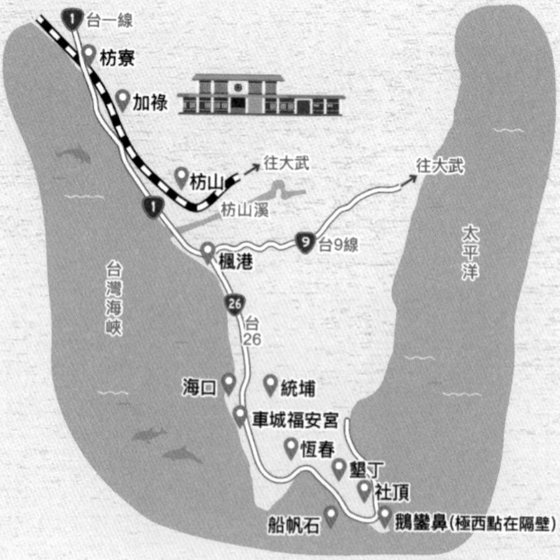

2022.02.03-05

枋寮車站

由於春節假期長達九天，我決定大年初三「出團」，消耗時間與卡路里。

鑒於傳播力超強的 omicron 變種病毒已進入台灣，我在參加徒步的朋友群組提議，「出發前兩週必須打滿三劑疫苗」，眾人皆無異議，沒人希望徒步染疫，更不想成爲「醫療人員無視疫情趴趴走」的新聞主角。

上午十一點不到，蘇醫師、虹均與我已在**枋寮車站**，對著大廳蓮霧造型候車椅拍照。接著戴上遮陽帽與袖套，通過石斑魚塑像廣場，朝面海的站前大街開始途步，沒多久就認出枋寮醫院樓頂的招牌。

「去年六月這附近一定很緊張」，三個醫者不約而同想起二○二一年新冠病毒 delta 變種直搗屏東平原進入恆春半島的玄關，讓枋寮醫院連上好幾天新聞。不過，眼前的街道卻洋溢歡樂氣

上：加祿車站｜下：枋山車站

息，走春人潮不斷，港內停滿辛苦整年的漁船。

難得遇上過年，我也規畫了特別行程，從**加祿**到枋山改搭火車，今天只走十七公里。

「如果在清朝，我們已離開帝國最南的官署枋寮巡檢，準備進入番地」，我在離開市區後補充道。

「番地！要小心出草嗎？」第一次加入的虹均瞪大眼睛。她曾和我在台大與和信兩家醫院共事，有特別的「革命情感」。近年工作之餘，老是往三千公尺以上的大山跑，我相信這回途步對她而言，只是「一塊蛋糕」。

「還記得公視大戲『斯卡羅』，美國駐廈門領事李仙得一八六七年因爲羅妹號在墾丁外海發生船難，乘員被殺，急急渡海到府城跟清朝官員交涉，道台卻說什麼琅嶠地處生番界外，打算敷衍他。」

「有啊，法比歐就帶著溫貞菱騎馬殺了過來——從台南到恆春還蠻遠的，演員卻來來去去不知幾回」，虹均聳聳肩。

「清朝後來還是有所反應。在法比歐，不，李仙得和下瑯璚十八社總頭目卓杞篤簽訂南岬之盟後，把巡檢往南推到枋寮。但過沒多久，換日本人藉口琉球漁民漂流到八瑤灣被殺（一八七一），兩年多後的一八七四年五月，出兵恆春半島。」

「那就是牡丹社事件。也眞扯，晚了兩年多才出兵」，蘇醫師加入討論。

「當時日本國內局勢不穩，又有顧問李仙得大力主張『番地爲無主地』，才出兵轉移焦點」，出發前，我把陳耀昌老師兩本以十九世紀下半葉恆春半島爲舞台的歷史小說，《傀儡花》與《獅頭花》複習一遍。

「等等，李仙得不是才從法國人變美國人，又去當日本外交顧問？」虹均立刻抓到重點。

「沒錯，還在日本娶妻生女，最後死在首爾。對了，他的外孫女是日本有名的聲樂家關屋敏子，後來收了林氏好當徒弟……」，正當我跳躍到陳老師最新作品《島之曦》時，我們已用過午餐，還走了五公里多的路，在台一線東側找到往加祿車站的指標。

通往車站的小路兩側都是芒果樹，站前廣場空蕩蕩，不僅沒有排班計程車，也沒有接送乘客的汽機車，地上卻畫了個H，看來是直昇機停機坪，站場也頗有規模，鐵道迷暱稱「最大的小站」。

「這裡一天只停四班區間車。如果沒趕上下午一點這班車往南，就要等到明天早上六點」，我又領隊魂上身。

雖然閘口設有多卡通刷卡機，我還是決定到售票窗口購票留念，意外買到卡式車票。但我不是鐵道迷，沒指定一張「加祿—東海」吉祥票，討個「加官晉祿，福如東海」的好彩頭。

「爲什麼要設兩個月台？一天才停四班車……」虹均的疑問，迴盪在通往第二月台的人行地下道中。

「台鐵蓋南迴線時，原本打算在加祿站進行調度。而且隔壁有個營區，道路可直通……」，當我們爬到第二月台時，我手指軍營，並繼續補充，「一出車站，還有座『嘉和遮體』，是在平原中蓋起的鐵路隧道，用來防止通過列車被砲彈擊中……」。

「喔，我想起來了，國軍常在這一帶舉行演習。」蘇醫師話沒說完，列車已快速通過一個隧道，想必是「嘉和遮體」。

其實，枋山站不在枋山鄉，它的門牌是獅子鄉內獅村，因距離枋山村較近而得名。列車一過內獅站開始爬坡，雖然鐵公路走向一致，卻漸漸與貼著海岸線的台一線分開，到枋山站時已在半山腰。接下來，南迴鐵路便沿著枋山溪，向東穿過中央山脈。

搭火車前往枋山站的旅客極少，人們多從台一線開車前來，欣賞山海交會的無邊風景。我們三人沿著連接一座座芒果園的產業道路下山，前後走了將近二十分鐘。從省道回望變得又遠又小的車站，我們心自問，如果從加祿一路走來，應該不會反向而行，專程拜訪鐵道迷口中的秘境車站。

| 獅頭山

台一線終點

枋山鄉地理位置南北狹長，台一線公路東側就是獅子鄉，山勢遠眺如望海的獅頭，藏在雲裡的獅身與獅尾，就是大龜文王國酋邦的傳統領域，也是小說《獅頭花》一八七五年爆發原漢衝突「獅頭社戰役」的現場。

才過**獅頭山**看板，又遇到一個更顯眼的人形立牌，寫著「楊勇緯的故鄉 獅子鄉」。我不禁感嘆，認識奧運銀牌選手的人，應該比知道「獅頭社戰役」多吧。

繼續沿平靜的海岸徒步，開始出現往台東的指標，接著便是拔地而起的高架道路，原來是截彎取直後的南迴公路。以前要過楓港溪進村子，台一線才與台九線西側端點交會，也是旅人的補給休息站。

我們很快找到今晚投宿的隆安旅店，櫃台前方掛著小英總統與老闆的合照。據說二〇一六以前，小英只要回**楓港**老家就住這裡。

「你見過小英嗎？」我好奇詢問接待的阿姨。

「當然囉，伊以前常跟爸爸回來掃墓。選上（總統）以後，阿兄還捐了塊地給老闆，就是你們今晚住的新館。」

三人依照櫃檯阿姨建議，前往舊南迴公路入口一家快炒店，六點不到，已吃完晚餐。環顧路口，還有兩、三家烤魷魚的攤子，不復早年滿街燒烤的盛況。

「以前開車經過，還看過烤伯勞」，蘇醫師回憶二十年前全家出遊的往事。

「我記得的是楓港襲槍案」，我的腦子老是裝些奇怪的事情。

「那是什麼？」當胡關寶從楓港派出所搶走卡賓槍，開始橫行全台奪走多條人命的一九八〇年代，虹均還是不解事的幼兒。

「我也想起來了，當時確實風聲鶴唳。不過，你怎麼會記得這種事？」年紀最長的蘇醫師反問，我只好承認，從小看報就嗜讀社會新聞，尤其是凶殺案。

「眞是特別的嗜好。吳伯伯吳媽媽還以爲你在讀副刊」，虹均促狹道。

「其實，爸爸只規定天天讀社論，其他不管」，回想當年，確實讀了很多兒少不宜的新聞，至於副刊……很慚愧，常被省略。

天色一暗，街上店家迅速打烊，我們走回旅店對面的便利商店買水果，虹均竟拿了一包止痛貼布結帳。「確定不是髖關節，就是左邊附近的不明部位隱隱作痛，爬山這些年從沒發生過」，她苦笑道，「下午過獅頭山後開始怪怪的，待會兒還是先用一下止痛藥。」

隔日清晨，快炒店隔壁的早餐店門一開，我們就來報到。蘇醫師主動關心虹均，她回報內服外用後一切正常。

離開楓港前決定繞進村子，參觀總統老家，還有兩次大選誓師地點德隆宮。按照指標，我們走在一條準備開市的巷道，看到一棟前有空地的兩層磚

上：德隆宮｜下：蔡英文總統祖厝

樓，並在鄰居側牆釘上「楓港 總統祖厝」的掛幅。

「小英第一次選上，我就陪爸媽來參觀過，當時很熱鬧，老人家很開心」，身為總統屏東鄉親，可以想像蘇伯伯與蘇媽媽當時心情。

祭祀范府千歲的**德隆宮**，就在回台26線（屏鵝公路）前。從宮廟的規模足見閩南文化中的王爺信仰，已深深紮根這個村落，連國家領導人也不敢怠慢輕忽。

離開舊稱「風港」的楓港，正式進入落山風盛行地區。落山風就是每年十月至四月的東北季風，因為翻過中央山脈，成為強勁的下坡風，瞬間強度可達六、七級，相當輕度颱風。但今天運氣不錯，落山風也放年假。

按照約定，素鈴昨晚下小夜班，今天一大早就要從高雄搭墾丁快線來會合。這趟旅程本來很熱鬧，像是走過埔心——楊梅段

便利商店現釀啤酒

的家瑩，早早就說要歸隊，出發前約一星期，因疫情燒進台北，服務的醫院要求各科主管在家待命，不得不放棄；還有年初四就要去支援疫苗門診的苦命學妹，也忍痛退出。

從橋頭一路走來的素鈴遲遲沒聯絡，讓人擔心，「連上一星期高雄疫區的急診夜班，她該不會『中獎』了？」

電話接通了，原來是太累睡過頭，會立刻出門。但推算交通時間，屆時已通過「**落山風藝術季**」地點海口港，那可是她心心念念的展覽。

「我們會跳過海口的展覽，晚上再一起從恆春坐公車回來參觀」，根據報導，這回展覽作品夜間風情更勝，我再傳簡訊補充。

從楓港向南徒步約九公里，出現一家前不著村後不著店的便利商店，眼尖的虹均還發現櫃檯有現釀啤酒，眞是休息良伴。

素鈴遲遲沒更新進度，我忍不住打了第二通電話，她的聲音

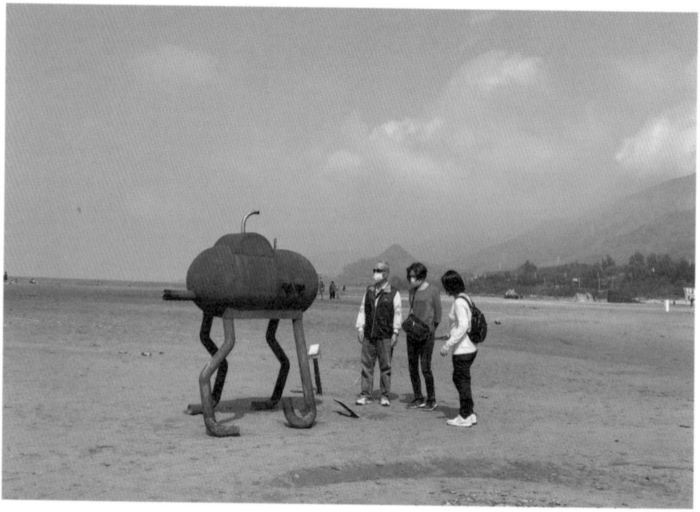

落山風藝術季

| 作品：來自海上的祝福

琉球藩民墓｜

有點虛弱，連向我們致歉，整裝後全身不適、想吐，「我怕我中鏢了，還是先回醫院 PCR。」

三人重新上路，決定先參觀藝術季，「說不定晚上太累，進民宿就不想出門」，我誠實說出心裡的想法。

不久，沙灘上的裝置藝術作品，已隔著公路旁大葉欖仁樹叢若隱若現。從入口進沙灘，我立刻被一座教堂造型，綁滿隨風翻飛白色布條的作品吸引，作者取名「來自海上的祝福」。

正當我沿著參觀動線，或遠或近地調整距離欣賞作品時，忽然看到一個熟面孔，從香山和我一路到大山的傅裕惠，和家人開車來滿州走春。一想到處心積慮向醫院拿假的朋友們，紛紛因疫情攪局退出，卻和裕惠在此不期而遇，眞是「來自海口的驚喜」。

午餐後我們轉入往統埔的鄉道屏 151，拐個彎去看「**琉球藩民墓**」，見證牡丹社事件的歷史現場。不同於四線道屏鵝公路車水

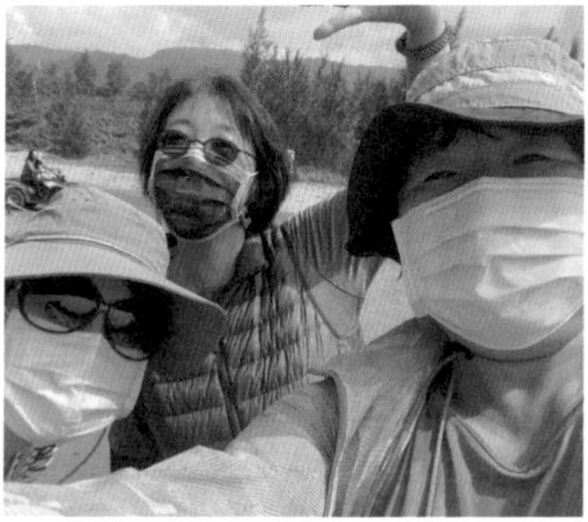

在海口巧遇傅裕惠

馬龍，穿梭洋蔥田間的屏151連個分隔線也沒有，明明是車道，彷彿徒步專用，走來十分愜意。

話說一八七一年十一月漂流到八瑤灣的琉球漁民，先是被高士佛社的原住民收留，後因語言不通被誤解，雙方在雙溪口（現位於石門村）發生殺戮。住在保力的客家頭人楊友旺聽到風聲，趕緊和弟弟入山察看，並與牡丹社蓄交涉，用財貨贖回被扣留的琉球人，也就是事件中十二名生還者。

楊友旺除了搶救生還者，還聯合鄰庄居民，也就是住在統埔的林阿九，協力將就地安葬的五十四名殉難者遷葬到統埔。至於墓碑要到日本出兵時（一八七四），主將西鄉從道（西鄉隆盛的弟弟）才首次修建，日治中期（一九二六）經過大修；二戰後爲清除皇民化遺毒，一度把碑文「大日本琉球藩民五十四名墓」的大日本三字塗掉，直到二〇〇〇年才復原。

福安宮前的綠豆蒜

更令人欣慰的是，殉難的琉球漁民遺族、與排灣族人後代在二〇一一年以後，不僅一同舉辦慰靈祭，還特地去保力村的楊氏宗祠，向楊友旺祭謝。

離開周邊空無一人的琉球藩民墓，我們沿199縣道前往**車城**，繼續穿梭於洋蔥田間。我發現走在前方的虹均步伐有點怪，一問果然又痛起來，蘇醫師要她趕緊再吞顆止痛藥，至少要撐到車城的市中心，才有客運到恆春。

四重溪出海口北側的福安村，是車城鄉鬧區，有全台最大的土地公廟「福安宮」。無論是專程或路過旅客，入殿祈求平安後，多會到廟埕前吃碗綠豆蒜。

我們打算反其道而行。但吃完冰涼的綠豆蒜，看到大殿不僅人山人海，還有不少人口罩拉到下巴，連我這種古蹟控，都不敢進拜殿觀賞著名的「劉提督碑」。劉提督就是台灣總兵劉明燈，

｜恆春南門

率兵偕李仙得一起到瑯嶠處理羅妹號事件後，回程在福安宮立碑。

三人回到省道旁等車往**恆春**，以免虹均的腳傷勢擴大，我還勸她提早撤退；「明天和我一起回去」，蘇醫師也不放心地附和。

由於搭車提早抵達，我和蘇醫師多出許多時間在上街覓食、閒晃（同時強迫虹均在民宿休息），體會這個生氣蓬勃的小鎮。像是二〇〇八年因電影《海角七號》取景爆紅的民宅，現已掛上「阿嘉的家」招牌，儘管時隔多年，仍有不少觀光客前來打卡、並選購屋內陳設的各式紀念品。

說來慚愧，身爲台灣人，卻是生平第一次逛恆春大街。我喜歡東南西北四城門俱在的生活感，且與一路走過的台北、左營和屏東城門相較，恆春的最容易親近。可惜，我與舊地重遊的蘇醫師也一致認爲，摩托車太多、私家車任意停放，會減損小城散步的樂趣。

上：位於南灣的核三廠｜下：排灣族聖山 —— 大尖山

徒步第三天，我獨自走向東門，登上昨天沒走完的城牆，遇到兩個國旅團。聽領隊簡介，參觀恆春古城是開胃菜，主菜是四十公里外的縣道200東部端點，牡丹鄉旭海村往北的阿朗壹古道。當領隊以興奮地口吻提及，能在年假搶到入古道的管制名額，跟中樂透一樣困難，我默默記在心裡，晚上回家要搜尋如何進入阿朗壹。即將要通過鵝鑾鼻進入太平洋岸，希望能親自體驗台灣最後一段沒有公路通過的海岸線。

從恆春市區走到**南灣**大約五公里，當海島度假風的設施越來越多，卻突然有間一眼望去就是公家單位，但門口客運站牌只寫著馬鞍山，占地遼闊又低調的機構，我直覺「應該是核三廠」。

果然，公路一靠海，就在海灣另一頭看見突兀的核子反應爐，水上摩托車業者早已見怪不怪，不斷向我拉客……

路又拐了幾個小彎，來到墾丁大街所在的大灣。我離開台26線，走進大灣路，經過一片沙灘，在停車場旁找到不起眼的萬應公祠，隔壁的「**八寶公**

八寶公主廟

主廟」，就是陳耀昌老師發想小說《傀儡花》的起點。

陳老師是大學教我血液腫瘤學的醫學院教授，不僅發揮他的想像力，更充分運用「大膽假設，小心求證」的科學精神，推敲出廟裡的神像根本不是荷蘭公主，而是一八六七年不幸被土著殺死的羅妹號船長夫人杭特。墾丁外海偶發的船難，因蝴蝶效應捲起千堆雪，包括美國領事李仙得來台交涉，採取軍事行動，跳過清廷與原住民族的斯卡羅大股頭簽下南岬之盟，還有日後的牡丹社事件，以及沈葆楨奉命渡海來「開山撫番」……

而今，從身邊走過的男男女女，盡是休閒度假裝扮，自己反像是回到未來的古人。我回望從南灣一路相伴的排灣族聖山大尖山，決定朝社頂公園，也就是誤殺羅妹號船員的龜仔甪社傳統領域前進。

沿公園路盤旋上山，我才第一次弄清楚，墾丁國家森林遊樂

上：社頂的入口｜下：一心寺

園和**社頂公園**是不一樣的地方。原本打算購票入森林遊樂園，卻陰錯陽差走進岔路，遇到一間名爲**一心寺**的佛寺。明明沒來過，爲何有似曾相識感？

原來，去年曾在公視看過一個節目，介紹龜仔甪社恢復停辦八十年的祖靈祭，一心寺也是祭典會場之一，因併用排灣傳統與佛教儀式，令我印象深刻。

回顧龜仔甪社坎坷的命運，完全應證所謂「你的篳路藍縷，我的顚沛流離」。羅妹號與牡丹社事件後，清朝政府花了一百兩，向番社買下靠近鵝鑾鼻部分的傳統領域蓋燈塔；日本人來了，爲規劃熱帶植物園（現墾丁國家森林遊樂園），部落迫遷；到了中華民國，剩下的領地又被劃成社頂自然公園。更荒謬的是，龜仔甪人因漢化程度高，日本時代戶籍被註記爲熟蕃，可他們明明就是下瑯嶠十八社之一，至今還無法恢復排灣族身分……

離開社頂公園，循社興路下山，與籠埔路交叉點展望極佳，向南可見鵝鑾鼻燈塔純白的塔身，往西有如風帆狀的船帆石矗立海面，還有無言的大尖山就在身後，看照這片紅塵。

上：墾丁飯店前的風向袋｜下：從社頂南望鵝鑾鼻

一路向南之後

船帆石 · 台灣南極小學 · 南極便利店 · 台灣最南點

2022.03.05

雙腳踏上台灣最南點，是二〇二二年三月五日上午。爲了這一步，我和六位「走路的人」，包括第一次加入的曉卉，前一天晚上就從台灣各地輾轉來到**船帆石**附近的民宿，準備隔天一早出發。

第一批在左營高鐵站集合的有蘇醫師、惠貞、玲鳳，妹妹和我五個人，還鄭重其事請上午就到高雄洽公的玲鳳，預購墾丁快線車票。結果候車時發現，業者調度靈活，只要發現表定班車載不完排隊搭車的乘客，立刻發加班車。

下班時間出高雄的車子很多，客運塞在離開車站的快速道路上。我在群組po出一個月前蘇醫師帶我在恆春街上吃的鵝肉店和羊肉店的網路食評，眾人口水直流。

車子從88號快速道路起全速前進，我們在晚間七點左右抵達恆春轉運站，直接走向群組討論決定的鵝肉店大快朵頤，還傳菜單問高雄下班出發的素鈴，還有忙完新網路平台《癌症問康健》啟用活動才南下的曉卉，要外帶什麼。

當大家各自住進民宿房間梳洗完畢，曉卉與素鈴終於到了。上個月因嘔吐臨時缺席的素鈴（後來飛奔回醫院測得 PCR 陰性），自在地吃著預先點好的鵝肉、黑白切，曉卉累到吃不太下，一旁陪著喝啤酒的我，卻不小心從曉卉的背包口，瞄到一台筆電……

「要不要寄放在這裡不要背走，反正我們離開後你還要在這一帶多待兩天？」

曉卉說自己昨晚打包行李時陷入天人交戰，出門最後一刻還是放了進來，「這樣才有安全感」。

我完全理解嗜文字者的心情，徒步行程開始過夜，我頭幾次也背著一台不到三百公克的閱讀器，七股以南才決定割捨。儘管自覺太囉嗦，但我還是交代，「萬一肩膀痛、腰痛，反正有異樣就要說，未來兩天路上沒有藥房，但我們這些醫院出來的人，都有隨身帶藥的習慣」。

上：船帆石｜下：砂島生態保護區

南極便利店｜

台灣南極小學：墾丁國小鵝鑾鼻分校｜

我還默默告訴自己，要信任朋友對自己體力的評估，因爲這也是我一路以來請朋友加入前，要對方再三考量的要點。對自己邀的朋友沒信心，不也是對自己沒信心？

隔天起床，我們陸續到民宿隔壁的便利商店集合兼買早餐，發現玲鳳已經老神在在地坐在裡面。

「你也太早了吧」，蘇醫師忍不住說道。

「喔，我來把昨天用過的文件、穿過的衣物……反正今明兩天用不上的東西先寄回我家附近的小七。店對店不僅運費便宜又很快，可能比我先到家」，聽玲鳳說明，覺得她眞是個「便利店人間」。

一上路，隊伍漸漸拉開，我成爲壓軸，並非身負領隊「重任」，而是體重決定速度。就這樣一路走到墾丁國小鵝鑾鼻分校，校門口豎著「**台灣南極小學**」的柱子，一馬

鵝鑾鼻燈塔

當先的老妹在我抵達時，已在校門口無聊到擼校貓打發時間。

既然有南極小學，也有**南極便利店**，但我們才休息過，決定先去鵝鑾鼻公園再來。不像詩人余光中「站在巍巍的燈塔尖頂，俯視著一片藍色的蒼茫」，我們幾個大齡女子，比較適合躲在陽光不會直射的走廊吹海風，只有曉卉認真橫越大草原，去探索罕有人跡的觀景平台。

從燈塔往最南點的捷徑被封住了，我們只好老實地繞回公園入口，經南極便利店，也是今天的最後補給站，把水買好買滿。

最南點和龍坑生態保護區同一入口，還有大型車輛停車場，可以想像平日人馬雜沓的盛況。果然過了墾丁氣象雷達站，最後不到一公里的路，就遇到三個大型國旅團。

終於等到最後一團在象徵最南點的幾何造型前完成團體照，同伴們三三兩兩上前留影，我不喜照相，只在旁提醒大家，拍完照，就要開始「一路向北」。

上：鵝鑾鼻公園的草地｜下：往最南點的路標

台灣最南點

＊＊＊

走筆至此，疫情延燒超過兩年半，各國陸續重啟國門，台灣也從今年（二〇二二）五月，正式走向與病毒共存的防疫政策，我身邊個性樂觀積極的朋友，已經訂好秋天的賞楓機票……

還記得疫情已暗潮洶湧的二〇二〇年元旦假期，我帶著兩位學妹去日本高知，用一星期的時間走遍路。除夕下午，我們來到第三十八番金剛福寺，不遠就是四國最南端足摺岬。

學妹姿婷向寺裡供奉的三面千手觀世音菩薩許願，另一位學妹虹均在旁笑道，「事成我們明年除夕陪妳來還願」。儘管二人至今不敢或忘「還願之旅」，但在漫長的等待期間，她們已先後參與了徒步台灣——眼尖的讀者應該發現了。

我們不會國門一開，就衝到金剛福寺還願，因爲大家都在適應大疫後的新常態（new normal）；更因爲一路向南重新認識的台灣西海岸，既美麗又豐富，我會把東海岸徒步放在優先順位，用雙腳好好感受養育我的土地。

細心的讀者或許還發現，書中的徒步路徑飄忽不定，很多時候不僅不在大家熟悉的省道上，甚至刻意避開幹道，背後有什麼特殊考量？

沒有，多半看當時心情，就像白沙屯媽粉紅超跑，也是看轎班心情。

但在出發前，我會先看地圖，挑選出門時想去或感興趣的地方，有些是如鹿港龍山寺、西螺大橋、北港朝天宮等非去舊地重遊不可的地景；還有些是百聞不如一見，想親身體驗的地方，例如桃園神社、和美默園、大埤三秀園、高雄逍遙園，高屏溪舊鐵橋，或是池上一郎文庫。再將上回終點和想去的地點連成一線，最後以自已及同伴的腳力決定當天終點。

只不過，「脫稿演出」時常發生，隨機應變更是常態。所幸身處人手一機的時代，谷歌大神無所不在，唯獨在廢棄的鹽田間法力較弱。無論是臨時加個柵門，或是跨越超過兩公尺寬圳溝的便橋被沖毀，因我不是跨欄或是跳遠選手，就得多繞點路。

一如疫情前，每年雖有高達二十萬人順著八十八個靈所環四國一周，也有人不習慣定型的路徑，像我喜愛的攝影師兼作家藤原新也，就用自己的方式走三回，其中有回還臨時起意，買了部腳踏車迎風而行……

我猜想台灣政府應該沒有「每年有多少人分別用哪些方式環台灣」的統計資料，更不可能分析上路的理由。但有人就會在生命某個時期想用最本能的方式，就是走路、出發走很長很長的路；其中有一小部分的人還會上癮，每隔一段時間，就想出走。和我一起徒步的朋友中，有人已顯現這種體質，人還在路上，就開始盤算今後每五年相約繞台灣一圈，直到走不動爲止。

我的徒步Q&A

Q1：為何要分段徒步台灣？

A1：台灣是公路網發達的島嶼，扣除行人止步的高速公路與快速道路，省道、縣道、鄉道，與沒編號的產業道路，都是徒步者的路網。如果打算一路走省道，只要做好順時鐘、或逆時鐘方向環島的決定，甚至不用規劃行程。以逆時鐘爲例，西海岸徒步就是一路向南，東岸則是一路往北。然而，現代人最缺時間，如果你有工作（且不打算離職），很難放自己一至兩個月的長假，便可以像我一樣，利用週末與連假，分段環島。

Q2：分段環島如何規劃行程？

A2：雖然每段徒步的起點就是上回終點，倘若不以省道徒步爲限，依照個人興趣任意停留，將規劃出千變萬化的行程。我在出發前會利用Google 地圖，將預訂走訪的點連成一氣估算里程，再以每小時步行四至五公里的速步，每個點預計停留時間，還有個人體力限制調整行程。**當我一人徒步，會以單日徒步二十五公里爲度，換算步幅，大約一日四萬步。若同行者衆，宜留較長的休息時間**。至於終點則以大衆運輸工具的可近性爲考量，並預先查好公車或火車時刻表。如果要過夜，就要搜尋位置適合的民宿、飯店或有香客大樓的宮廟事先預訂。

出發前除規劃行程，建議培養體力，曾有不少朋友私訊：我想參加卻怕變成你的豬隊友，這時，我會建議他出發前好好鍛練一個月，天天至少一萬步，出發前兩週，能有半天空檔，模擬一口氣走個三、四萬步，就能安心上路。

Q3：徒步要怎麼穿？帶那些隨身物品？

A3：曾有環島網誌宣稱，只要帶著提款卡，就可以空手上路。我沒那麼瀟灑，會多個隨身背包，裡面有擦汗的毛巾、防曬的帽子及外套。要不要帶傘或輕便雨衣見仁見智，像我就用具防水功能的外套充數。隨身物品雖因人而異，但要留心**每件放進背包的物品，都會成爲肩頭的重量，強烈建議只帶一定要用到的東西**，像我除了盥洗用品，就只有一套換洗內衣褲和睡衣。至於外衣外褲，因選用快乾材質，每晚都可清洗。爲何要帶睡衣？其實是不好意思與共享房間的室友袒誠相對。

無論是上路後發現多帶的物品，剩餘旅程用不上的東西（如台北出發時禦寒的羽絨衣），還是一時心動購買的當地土產，請善用便利商店提供的店對店寄送服務，像是7-11的交貨便，我的步行同伴玲鳳說，背包一天比一天輕，也是一項成就。

每天要背多少水，取決於沿途能不能順利補給。建議一早出發前，先用Google地圖查詢行經地區便利商店的位置，以及午餐時間可能經過的飲食店。由於連鎖便利商店多設在省道旁，如果走鄉道，就要在進村子時利用傳統柑仔店，或是兼賣結冰水的檳榔攤，而這些補給點不會出現在Google地圖上。

除了補水，建議適時補充行動糧，因爲用餐時間不一定會經過飲食店，千萬別餓過頭。

Q4：長時間走路要注意什麼？

A4：一雙適合走路的鞋很重要，長時間走路，務必預留腳盤腫脹的舒展空間，個人是健行涼鞋擁護者，一雙 Keen 凸半個台灣，腳趾與腳底不曾生水泡。為預防水泡，隊友蘇瑞珍醫師只穿五趾襪，以免腳趾摩擦；慢跑鞋加厚襪，則是另一位隊友的撇步；還聽說遍路友用綳帶分開纏十隻腳趾……無論如何，要窮極一切可能防止水泡。萬一長了，也要小心護理預防感染，以免擴大成蜂窩性組織炎。

下肢另一個防護要點是大腿內側因不斷磨擦發紅、破皮。不曉得竹竿腿有沒有類似困擾，但我的因應之道是改穿緊身的壓力褲，同時減少下肢腫脹，記得進醫院實習前，學姊們就傳授久站要穿彈性褲襪的秘訣。每天睡前記得拉筋，隔天又是一尾活龍。

無論是健行還是馬拉松，筋骨不免小痠小痛，隨身止痛藥妙用無窮。

一旦持續疼痛或嚴重程度加劇，建議盡速撤退，以免傷害擴大。

至於有慢性疾病需服藥，且身體狀況會受長時間運動影響，例如罹患糖尿病、高血壓的朋友，務必在徒步前了解自己的身體變化，適當調藥及備妥應急食物藥物。

VIEW 120

一路向南：浪人醫師的徒步台灣西海岸

作者—吳佳璇
主編—李筱婷
封面設計—兒日設計

總編輯—胡金倫
董事長—趙政岷
出版者—時報文化出版企業股份有限公司
一〇八〇一九台北市和平西路三段二四〇號七樓
發行專線—（〇二）二三〇六—六八四二
讀者服務專線—〇八〇〇—二三一—七〇五・（〇二）二三〇四—七一〇三
讀者服務傳真—（〇二）二三〇四—六八五八
郵撥—一九三四四七二四時報文化出版公司
信箱—一〇八九九台北華江橋郵局第九九信箱
時報悅讀網—http://www.readingtimes.com.tw
時報出版臉書—http://www.facebook.com/readingtimes.fans
法律顧問—理律法律事務所 陳長文律師、李念祖律師
印刷—華展印刷有限公司
初版一刷—二〇二二年九月二日
初版二刷—二〇二四年七月十八日
定價—新台幣四〇〇元
（缺頁或破損的書，請寄回更換）

時報文化出版公司成立於一九七五年，
並於一九九九年股票上櫃公開發行，於二〇〇八年脫離中時集團非屬旺中，
以「尊重智慧與創意的文化事業」為信念。

一路向南：浪人醫師的徒步台灣西海岸 / 吳佳璇著 .
-- 初版 . -- 臺北市：時報文化出版企業股份有限公
司 , 2022.09
264 面；14.8x21 公分 . -- (View；120)
ISBN 978-626-335-851-5(平裝)

1.CST: 臺灣遊記 2.CST: 徒步旅行

733.6　　　　111013213

ISBN 978-626-335-851-5
Printed in Taiwan